이제 무엇을 준비해야 하는가?

이직의 정석

기본 이직의 정석

이제 무엇을 준비해야 하는가?

정구철 지음

SNOWFOX

BASIC(倍移職),
이직의 기초

직장생활 1년 차, 10명 중 3명이 직장인 사춘기를 겪는다. 그중 1년 이내 퇴사자 비율이 30%라고 하니, 사회적 문제라 할 만하다. 그렇다면 회사에 남은 사람들은 괜찮은 걸까? 그렇지 않다. 이들 역시 고민에 해답을 찾지 못한 채 하루를 버티며 살고 있다.

하루에 가장 많은 시간을 보내는 곳, 학창시절을 오롯이 바쳐 말 그대로 쟁취한 곳, 내 결혼과 노후를 책임질 곳이니 고민은 당연하다. 안타까운 건 혼자 끙끙 앓으며 충동적인 마음을 몇 번 움직이다 보면 말 그대로 평판과 경력이 망가져 버린다.

그렇다고 기성세대와 함께 한 회사에서만 버티는 게 정답일까?

우리는 이전에는 볼 수 없던 속도의 시대를 살고 있다. 저성장, 고령화 시대에 평생직장은 꿈같은 이야기가 된 지 오래다. 이 때문일까? 어느 때보다 공무원, 대기업으로 대변되는 안정성에 가치를 둔 시대다. 하지만 조직의 규모와 이름에 기대어 변화와 속도를 외면한 안정성은 반쪽짜리 답이 될 수밖에 없다. 과연, 퇴근과 주말만을 기다리는 삶을 행복하다고 할 수 있을까? 운이 좋아 처음 직장에서 정년을 맞게 되면 남은 40년은 보장받을 수 있을까? 오늘의 불확실성보다는 내일의 불행을 택하는 것이 오늘의 안타까운 흐름이요, 현실이다. 변화를 외면한 안정성은 시대와 함께 도태될 뿐이다. 과거의 정답들에 오늘을 껴 맞추고 미래를 기대하기엔 우리에게 남은 날들이 너무나 많고, 흘러가는 속도는 매우 빠르다.

직장인에게 퇴직은 피할 수 없다. 입학 후 졸업이, 삶의 종착역이 죽음으로 귀결되는 것과 같은 이치다. 정년이든, 명퇴든 떠밀려 나오거나 자발적으로 걸어 나오거나 두 가지 선택이 있을 뿐이다.

이직은 주도적 행위다. 아무도 시키지 않고, 권하지 않는다. 아울러 외면하고 싶어도 피할 수 없는 시대적 흐름이다. 변화의 시대에 안정성은 변화로써만 쟁취할 수 있다.

이 책은 저자로서 헤드헌터로 오래 일을 하며 이직을 권하고 싶던 사람들, 마음을 터놓았던 동기, 후배들을 생각하며 썼다.

'선배 저 정말 힘들어요' 라는 말은 꺼내기 쉽지만 진지한 퇴사, 이직의 고민은 터놓기 어려운 사회적, 문화적 분위기 속에 작게나마 사고의 폭을 넓혀 줄 수 있는 마중물이 되고자 했다.

1장에서는 직장인 사춘기 후 생각할 수 있는 대안들에 대해, 왜 그것이 일시적인 정답이 될 수밖에 없는지를 담았다. 2장에서는 이직의 특성과 시대적 상황, 그리고 왜 이직이 답이 될 수밖에 없는지 되짚어 봤다. 3, 4, 5, 6장은 이직을 결심한 후 A~Z까지 준비의 과정을 담았다. 이력서 작성부터, 면접과 연봉협상, 퇴사 후 새 직장에서의 적응까지, 장기적 목표 가운데 한 단계씩 계획적, 효율적으로 이직을 준비할 수 있기 위해서다.

마지막 7장은 두 번째 이직을 준비하며 상황이 아닌 나에게 집중하여 다름을 만드는 길에 대해 모색해 보았다.

자소서, 면접, 이력서 작성 등 방법의 참고서들은 서점에 가면 얼마든지 찾을 수 있다. 4차 산업혁명의 위기를 언급하며 유망직업을 언급한 책 역시 심심치 않게 볼 수 있다.

하지만 엔지니어였던 내가 어느 날 빅데이터 전문가가 될 수 없고 드론을 날릴 수 없듯 유망산업의 직군은 불확실한 미래의 예측, 누군가의 직업일 뿐 내 이야기는 아니었다. 이에 두려울 수 밖에 없는 이직의 특성과 특히 첫 이직의 중요성, 길고 질긴 각 프로세스를 함께 고민하며 우발적인 '묻지마' 이직이 아닌 체계적으로 커리어를 쌓아 가는 데 집중하였다.

기초(BASIC)에 집중하면 가치가 오르는 것은 당연한 순리다. 연봉이 오르는 것(倍移職)은 얻게 되는 수많은 부산물 중 하나일 뿐이다.

우리는 수동적 삶, 정답을 찾는 데 익숙하다. 인생에서 무엇을 할지 몰라 점수에 맞는 대학, 전공을 택했고 '뽑아만 주세요' 하며 상황에 맞춰 취업을 했다. 그리고 주도적이어야 할 이직조차 상황에 맞는 곳을 찾아 기웃거린다. 연봉과 복리후생만을 고려하다가는 다시 '뽑아만 주세요' 하고 결정권을 놓쳐 버리는 비극이 반복될지 모른다.

단순히 이력서를 쓰고 조건을 비교하기 전, 스스로에게 질문하자.
'나는 왜 일하는가? 내가 원하는 것은 무엇인가?'

'무엇'에도 답을 찾기 어려운 우리에게 '왜?'란 질문은 막연함과 답답함을 불러일으킨다. 우린 너무나 많은 일 가운데 주도권을 잃어버린 채 수동적으로 살아왔다. 하루아침에 답을 찾는 것은 쉽지 않다. 그렇다면 작은 일부터 시작해 보자. 적어도 오늘 점심은 '아무거나'가 아닌 '내가 원하는 것'을 먹어 보자.

[차 례]

chapter
one

진로를 의심하다

memo.

나, 정상인가요?

입사 후 1년. 어떻게 흘렀는지 모르겠다. 도서관에서 스펙을 하나하나 쌓고 각종 스터디를 하며 어디든 제발 뽑아만 줬으면 하던 직장이었다. 입사만 하면 동호회든, 연애든, 다음 단계를 준비하고 누리리라 생각했다. 아니 이것을 누리지 못해도 적어도 회사, 취업에 대한 고민은 잊고 살 수 있다고 생각했다. 하지만 예나 지금이나 가장 큰 고민은 바로 직장이다.

처음엔 단순히 적응의 문제로 생각했다. '1년만 버텨 보자', '적응되면 나아지겠지'란 마음으로 악착같이 버텼고 더디지만 조금씩 인정과 실력을 착실히 쌓아 갔다. 일도 제법 익숙해졌고 사수와 제법 호흡이 맞는다. 사회생활 가운데 이전에는 상상도 못했을 다양한 사람들을 만났다. 덕분에 이제 '일머리' 있는 사원이 되었다. 조직에 익숙해지면, 일이 손에 익으면, 이 고민은 끝이 날 줄 알았다. 하지만 고민의 총량은 도무지 줄지 않았다. 아니 오히려 사회생활을 좀 알았기 때문에 그 질문의 양과 질은 더욱 깊어졌다.

'내가 이러려고 공부했나. 이 직장, 이 직업이 내 길이 맞나?'

혼자 끙끙 앓기를 여러 날, 동기들과 이야기해도 모두 비슷한 처지에 딱히 답도 없어 오랜 시간 고민한 끝에 선배에게 조심스레 조언을 구했다. 믿는 선배이니 만큼 편안한 분위기 속에 뼈가 되는 좋은 조언들을 많이 해 주었다. 지하철에서 곱씹어 보니, 핵심은 이렇다.

'직장생활 다 똑같다. 참아라. 버텨라.'

믿었던 선배지만 역시나 시원한 답은 없다. 오히려 직장 내부 인원에게 성급히 고민을 털어놓은 것은 아닐까 하는 불안감만 커졌다. 어렵게 들어간 회사 그만둔다 하면 한 직장에서 평생 헌신하시며 뒷바라지하신 부모님은 뭐라 하실까? 아직 학교 도서관에서 눈칫밥 먹으며 공부하고 있는 동기와 후배들은 어떻게 생각할까?

'인마! 처음에 안 힘든 일이 어디 있어? 다 겪는 일이야.'

'원래 몰라서 힘들고 알면 짜증나서 힘든 게 직장이야.'

일시적인 마음일까 싶어 동호회나 취미활동에도 전념해 봤지만 한번 틀어진 마음은 돌아서지 않았다. 선배의 말이 맞다. 몰라서 힘든 것이 아니다. 사회생활을 알면 알수록 내 심연의 질문은 커져 갔고 답은 흐려졌다.

이곳이 평생직장인지, 이 일이 내가 평생 할 일인지, 아니 내가 무슨 일을 하고 싶은지? 끝없는 질문뿐이다.

오늘도 출근하기 싫은 아침, 여느 때와 다름없이 헐레벌떡 준비하고 지하철에 오른다. 스마트폰만 쳐다보는 사람들 다른 사람들 표정을 보니 나와 별반 다르지 않다.

수백 번의 광탈, 몇 번의 면접 기회 가운데 어렵게 입사한 곳이에요. 사실 앞을 모르는 경영환경, 통장을 스쳐가는 월급보다 더 절망스러운 건, 도무지 미래가 보이지 않는 거예요. 10년 후 내가, 저 모습으로 저 월급 받고 일한다면 '과연 미래가 있을까?'란 의문이 들어요.

— 중견기업 1년 차 A씨 -

남들 듣기엔 배부른 소리일 수도 있어요. 높은 연봉에, 남들이 부러워할 만한 직장. 저 역시 그걸 보고 지원했고, 퇴근길에도 사원증을 차고 다닐 만큼 자랑으로 여겼으니까요. 하지만 반복되는 업무 가운데 이것을 왜 해야 하는 지, 무슨 의미가 있는지도 모르는 일을 반복 또 반복하다 보면 이렇게 굴러가는 삶이 10년, 20년 후에 어떤 의미가 있는지 모르겠어요. 제 시간을 돈으로 바꾼다는 생각밖에 들지 않아요.

― 대기업 3년 차 J씨

이 책을 읽고 있는 독자라면 위 사례가 막연히 다른 사람의 이야기로만 받아들여지지 않을 것이다. 주변인에게 선뜻 털어놓긴 어려운 고민이지만 적어도 누구나 한 번씩은 진지하게 고민해 봤을 법한 나와 내 선후배들의 이야기이기 때문이다.

잡코리아의 조사에 따르면 30대 직장인의 무려 98%의 인력이 직장생활에서 이런 권태기를 겪었다니 감히 시대적 고민이라 해도 부족함이 없다. 재밌는 건 이런 권태기를 겪은 인원의 82%가 1~3년 차에 편중되어 있다는 점이다. 한편으로는 이해가 되지만 20년 넘게 오롯이 준비한 결과가 1년 만에 퇴사라니 놀라울 뿐이다.

각자의 사정은 모두 다르겠지만 대개 이유는 업무, 연봉, 대인관계다. 연봉이 불만족스러운 경우라면 급여를 조금 더 주는 회사나 취준생 시절 아쉬움이 남았던 대기업의 문을 다시 한 번 두드린다. 상사, 동료와의 갈등이나 생각지 못한 과도한 업무 강도에 시달렸다면 본인을 위한 여행, 힐링 타임 후 다른 회사로의 이직을 알아보거나 대세가 된 공무원, 공사 입사를 준비하기 위해 노량진 행을 결심하게 된다.

정말 운이 좋아 짧은 시간에 원하는 것을 얻게 된다면, 안정적인 연봉, 고용안정성, 인정 등 내가 지금 갖지 못한 것들을 손에 넣는다면, 그때는 지금처럼 출근하자마자 퇴근하고 싶어지는 하루, 손꼽아 금요일을 기다리는 것, 한숨과 심장박동으로 다가오는 일요일 오후를 벗어날 수 있을까?

스펙의 매력은 언제까지인가?

....

　대기업 해외영업 7년 차 J씨는 업무로 어느 정도 인정받고 있다. 회식 때도 잘 어울리고 고과도 동기는 물론, 본부 내에서도 좋은 편이다. 하지만 동기 모임이나 사원 간담회 때 작아지는 소외감은 어쩔 수 없다. J씨는 지방대 출신으로 회사에서 선배를 찾기 어렵기 때문이다. 회사에서 희망퇴직 신청을 받을 때 잠깐이지만 해외 MBA나 명문 대학원 진학을 고민했다.

　중소기업 2년 차 K씨는 빡빡한 살림에도 대출을 받아 전문대학원을 등록했다. 수요일과 주말에 공부 하는 게 만만치 않지만 계약직의 유리장벽을 깨기 위해서는 더 노력할 수밖에 없었다.

이처럼 많은 직장인이 대학원 혹은 학업을 플랜 B로 준비하는 경우가 많다. 이제 막 학교를 벗어나 처절하게 사회란 장벽에 부딪친 나머지 '나는 아직 준비가 덜 됐어', '좀 더 공부해봐야겠어', '이것만 더해지면 더 좋을 것 같아' 라는 미명하에 말이다. 잡코리아의〔직장인 핸디캡〕조사 결과, 많은 직장인이 영어(34.9%)에 이어 최종학력(27.3%), 출신학교(8.8%)를 본인의 약점으로 꼽았다.

사실 본인의 부족한 부분에 대해서 성찰하고 보완하는 것은 바람직한 일이자 응당 준비해야 할 부분이다. 또한 뚜렷한 목적의식을 가지고 미래를 위해 진학을 준비하는 것은 권장할 만하다. 하지만 진지하게 준비하기 전에 먼저 진지하게 고민해 보자.

이것은 미래를 위해 감수해야 할 1보 전진인가? 아니며 단지 현실에서 도피하려는 1보 후퇴인가? 그렇다면 학벌이란 스펙은 불안정한 미래의 답이 될 수 있을까?

'취업! 영어도, 공부도 이제는 끝이구나.'

이 환상이 깨지는 데는 하루도 걸리지 않았다. 공대에서는 우스갯소리로 대학 4년간 배운 것보다 기사시험 준비하며 배운 것이 더 많다고 한다. 하지만 기사시험보다 더 많은 것을 배운 시간이 취업 후 1주일이었다. 회사에서는 끊임없이 학습을 요구하고 내 역량을 성과와 실적으로 끊임없이 증명해야 한다. 고과와 평가를 떠나서 생존하기 위해서는 치열하게 공부할 수밖에 없다. 평생직장의 종말과 더불어 시작된 평생 배움의 시대.

사실 이건 모두 인지하고 있는 팩트로 재직 중에도 얼마든지 보완할 수 있는 부분이다. 하지만 회식과 커피타임, 부서이동 시 은연중 행해지는 차별은 나를 작아지게 한다. 입사동기와 동일 선상에 섰다고 생각되었지만 출발점은 달랐다(설령 그렇지 않더라도 그렇게 느껴졌다). 생각이 쌓이고 쌓여 회사생활에 염증을 느끼거나 본인의 한계를 경험하게 될 때 단순히 이직을 넘어 대학원과 MBA로 진로를 잡고 부족한 부분을 채우고자 한다.

'○○대학원 졸업, 경력 3년'

K씨의 직장생활은 고민의 연속이었다. 만족스럽지 않은 연봉과 처우, 조직 내에서 느껴지는 차별의 기운까지. 곰곰이 생각할수록 원인은 학벌로 귀결되었다.

사실 학교 간판은 K씨를 항상 작아지게 하는 요인 중 하나였다. 결국 부족한 학벌을 보완하고자 모은 돈으로 명문대 대학원을 졸업했다. 그러나 불행히도 K씨의 연봉과 직장 수준은 이전 직장과 크게 다르지 않다. 오히려 일부 사회생활을 꾸준히 한 대학동기들 중 더 많은 연봉, 좀 더 좋은 조건으로 이직한 친구들도 보였다. 무엇이 문제일까?

혼히들 스펙 중 가장 큰 열등감을 갖게 되는 것이 학벌이다. 사회적 분위기와 대우는 물론, 실력을 떠나 학벌(이로 인한 인맥)로만 평가하는 것을 보면 서럽기까지 한 게 현실이다. 그래서 많은 대학생이 진로 결정의 순간 대학원 진학을 선택하며 '학벌세탁'을 시도한다.

하지만 안타깝게도 학벌세탁은 자기만족으로만 그칠 확률이 높다. 이유는 기업에서 인정하는 학력의 척도는 당신의 최종학력이 아닌, 대학 학력이기 때문이다.

이유 없는 선택은 없다. 그렇기에 면접에서는 당신의 특이점을 집중 공략한다. 목적 없는 대학원 생활을 채용에 긍정적 요소로 반영할 회사는 없다. 본인이 명확한 방향 및 학업에 뜻이 있어서라면 권장해야 할 일이지만 단지 '학력 감투'만을 위해서라면 분명히 말할 수 있다.

대학원은 답이 아니다.

'저 이번에 퇴사합니다. 이번에 외국 MBA approval(입학 승인)을 받아서요.'

MBA, 직장인 초년생에게 이만큼 매력적인 스펙이 또 있을까?

그 많은 학비와 체류비를 감당할 수 있을까 하는 걱정이 되면서도 그런 것을 감수하고 떠날 수 있는 용기와 재력이 부럽기까지 하다. 하지만 현재 MBA는 기회비용 측면에서 그렇게 매력적인 대안은 아니다. 비용도 비용이려니와 희소성의 측면에서 그 가치는 더욱 의심스러워지는 것이 사실이다.

MBA를 대안으로 고려했다면 먼저 현재 경력과의 시너지에 대해서 생각해 봐야 한다. 명문 MBA를 졸업했어도 전략기획 경험이 전무한 인재에게 기업의 중직을 맡기는 것은 기업 입장에서도 부담이다(물론 Top MBA는 상황이 다르다). 고객(학생)으로서 사례연구(Case Study)를 경험한 것과 고객을 대상으로 업무를 진행한 것은 엄연한 차이가 있기 때문이다.

또한 MBA 졸업생일지라도 그에 대한 기업의 시선은 변하지 않는다. 기업이 주목하는 이력은 바로 대학학력과 현업에서의 담당업무다. 즉 스펙업, 학력 감투를 위한 대안이 MBA가 될 수 없는 이유이다. 간혹 컨설팅펌으로 이직을 고려할 수도 있지만, 여기에는 반드시 이름값, 즉 학벌이 필요하다. 학력 경력, MBA 학력 이 3가지 중 적어도 2가지는 만족시켜야만 컨설팅펌, MBA를 통한 경력전환을 도모할 수 있다.

대학원과 MBA의 기회비용은 무엇일까? 등록금은 각자의 경제 사정에 따를 일이니 차치하고서라도 현업에서의 경력을 단절하고 진행한다는 면에서 신중하게 고민해야 한다.

사실 기업 입장에서는 학교에만 국한된 배움을 그리 좋아하지 않는다. 당신이라면 당신보다 나이 많고 경력 짧은 가방끈 긴 후배를 기뻐하며 받아 주겠는가?

혹여 스펙에 매력을 느꼈어도 '대학원에 진학한 이유가 있나요?' 라고 물으며 당신의 진학 이유와 지향점을 철저하게 검증하려 들 것이다.

당신이 지향하는 바, 가치에 대해서 비하할 생각은 전혀 없다. 명문 대학원, MBA가 아니라도 명확한 방향이 있다면 분명 기회의 문이 될 것이며 적극 권장해야 할 부분이다.

하지만 그 목적이 단지 현실도피, 방향성 없는 스펙뿐이라면 사회생활을 계속함으로써 쌓게 되는 경력과 비교할 때 개인 재정적 비용, 경력의 연속성, 업무, 성과의 잠재, 성장성, 시장의 희소성 측면에서 결코 이득이 되는 장사라 볼 수 없다.

같은 시간 대학에서 학생(고객)으로 배운 이론과 실제 현장에서 업무를 통해 익히는 경력은 차이를 보일 수밖에 없다. 현재 시대는 학교에까지 전달된 지식으로 기업이 살 수 있는 시대가 아니다. 앨빈 토플러가 『부의 미래』에서 언급한 바와 같이 변화에 대응하는 기업의 속도가 100마일이라면 학교의 속도는 10마일이다. 세계적인 석학의 2000년대 초반의 통찰이다. 심지어 스마트폰도 없을 때의 예측이다. 현재의 시대는 명확히 규정할 수 없는 변화의 시대다. 만약 그가 생존해 있다면 수치는 보다 극적일 것이다.

대기업의 명암

기회비용의 미련, 그 길은 어땠을까?

로버트 프로스트의 「가지 않은 길」처럼 사람은 언제나 걸어 보지 않은 선택에 미련을 갖는다. 고대하던 여성과 첫 데이트를 하다 잘못된 장소 선택과 말실수로 하루를 망쳤다면 다음 날 종일 머리를 쥐어뜯으며 뒤늦은 후회만 늘어놓는 것과 같이 말이다. 선택은 반드시 포기를 동반한다. 현 직장생활에 회의감이 들고 아쉬움과 불만이 터져 나올 때 우리는 놓쳐 버린 또는 현 직장을 택하며 놓아 버린 기회들을 다시금 떠올린다.

'그때 그 회사 갔어야 했는데, 괜히 급한 마음에…'

'기업 공채, 최종면접에서 아쉽게 떨어졌는데 한 번 더 도전해 볼까?' 라는 식이다.

발목을 잡는 학벌은 바꿀 수 없고 조금이라도 도움이 될 것 같은 영어 점수와 스펙들은 준비할 시간이 없다. 회사생활이 힘들거나 회의감이 들수록 한두 번 잡념으로만 떠오르다 어느덧 진지한 고민으로 자리 잡게 된다. 가지 않은 길은 아쉬움을 남기고 남의 떡은 항상 더 커 보인다. 과연 가지 않은 길을 걸었으면 좀 더 행복했을까?

대부분 직장인들은 고3의 마지막 즈음 수능을 치른 기억을 갖고 있다. '20××년 수능 종료, 난이도 작년과 평이', '수험장 진풍경'
수험장을 나올 때 해방감과 동시에 다시는 이런 일을 겪지 않으리라 생각했을 것이다.

하지만 우리는 그 이후에도 토익, 자격증 시험 등 스펙 준비로 다신 오지 않을 것 같던 중고등학교를 수시로 드나들었다. 그리고 바야흐로 대학 졸업을 앞둔 시점, 수능을 떠올리게 할 만한 시험들을 경험한다. '금년 삼성고시, 수험생 상식 없어져 수월, 난이도 평이, 고득점도 안심 못해' 같은 기업 공채가 대표적이다.

좋은 회사에 지원자가 몰리는 것은 당연하지만 일개 기업의 입사 시험의 출제경향, 경쟁률, 전망이 신문기사가 되는 상황은 놀라움을 넘어 씁쓸함을 자아낸다. GSAT, NCS, HMAT, DCAT 등 기성세대에게는 약어조차 생소한 단어들을 검색하면 수많은 온오프라인 강의가

성업을 이루고 있다. 여기에 자소서, 이력서, 면접 강의에도 많은 인력이 몰리는 것을 볼 수 있다. 신문은 매년마다 대학생 선호기업 순위를 발표하고 그 회사들은 어김없이 굴지의 대기업이 차지하고 있다.

기업마다 이유야 다르지만 요약하면 높은 네임밸류와 연봉, 안정성일 것이다. 대기업 신입연봉과 중소기업 신입연봉 차가 1,300만 원이라는 결과치(2017년, 잡코리아)만 봐도 효율 측면에서는 고민의 여지가 없어 보인다. 그렇다면 대기업에 들어가기만 하면 안정적일까?

각 기업마다 급변하는 4차 산업혁명 시대에 맞춘 미래 전략 확립이 현안이다. 신성장 동력, 미래 먹거리 등의 이름으로 시장환경과 경영상황의 예측에 따라 기업의 사활을 걸고 배팅을 하는 것이다. 오너의 의지에 따라 각 기업, 대한민국의 최고의 브레인들이 몇 달간 밤잠 자지 않고 준비하지만 흥미로운 것은 해당 사업군과 투자 발표가 3~4년마다 수정, 변경된다.

최근 신문에도 국내 굴지의 대기업이 불과 3~4년 전 신성장 동력으로 추진했던 사업의 매각절차를 밟고 있다는 기사가 경제면 헤드라인을 채우고 있다.

사실 4차 산업혁명의 용어의 정의조차 미국은 Digital Transformat -ion으로, 유럽은 Digitalization으로 상이하다. 그만큼 포괄적이고 명확히 정의할 수 없다는 것을 의미한다. 이처럼 오늘 기업환경의 공통된 전제는 불확실성이다. 전략적 결정을 하고 투자를 하지만 3년 만에 사업을 접을 수 있는 것이다. 기업환경의 변화 속도는 기업에 영향을 미친다. 그리고 이 영향은 고스란히 개인에게 전해진다. 오늘날 개인의 생애주기보다 기업의 생애주기가 짧은 것은 더 이상 놀랄 일이 아니다. 이 문구 속에는 너무나 많은 직장인의 실직과 가족의 변화가 담겨있다.

확실한 것은 어떠한 교육도 사양 산업의 인력을 성장 산업의 인재로 대체시키지 못한다는 데 있다. 오늘날 조선소의 기계 엔지니어가 IT 분야의 빅데이터 엔지니어가 될 수 없는 것과 같은 이치다. 아울러 현재 노동시장은 희소성의 측면에서 전문직에서 대졸자에 이르기까지 근로자가 절대적으로 불리한 위치에 있다. 라이언 아벤트의 『노동의 미래』에서는 노동력 과잉의 원인을 크게 3가지로 뽑는다.

❶ 자동화
❷ 강력한 정보기술
❸ 고도로 숙련된 노동자의 폭발적 생산력 증가

자동화의 타깃은 무엇일까? 청소 용역, 패스트푸드점의 셀프 계산대 정도일까? 단지 인간의 편의를 위한 수단인 것인가? 자동차 공장의 조립은 컨베이어 벨트가 하지만 청소는 인간이 한다. IBM의 왓슨스가 활약하는 분야는 의료, 법률, 인사(채용)부분임을 주목하자.

자동화의 타깃은 수익의 극대화다. 수익은 매출을 높이는 방법도 있지만 비용을 절감하는 것에서도 발생한다. 그렇다. 자동화의 타깃은 인건비이다. 즉 인건비가 높은 산업군, 보수가 좋고 생산성이 높은 형태의 일자리. 대기업의 모든 직군이 대체된다는 것은 어불성설이다.

하지만 일상적이고 반복적인 업무를 담당하며 높은 연봉을 받는다면 당신의 직군은 대체될 수 있다. 기술의 발전에 따라 자동화 될 가능성이 높고 더욱 저렴한 노동력을 따라 아웃소싱이 될 확률이 크다.

사실 우리는 이미 답을 알고 있다. 매년 회사의 화두가 원가절감임을, 어제 자리를 비운 파트장, 간부의 소임을 그 밑에 누군가가 대체하고 있다는 것을 말이다. 그것도 아무런 공백 없이.

같은 직군이라도 같은 업무를 하는 것이 아니다. 같은 인사 직무라도 대기업과 중소기업, 스타트업이 커버하는 범위는 다르다. 크게는 HRD, HRM으로, 세분화하면 채용, 노무, 인사, 평가, 급여, 복리후생, 교육으로 나눌 수 있다. 각 항목에 전문가가 되리라 생각할 수도 있겠지만 본인의 업무 스펙트럼은 작아지는 것이다.

매년 채용을 500명씩 하는 채용담당자가 이직을 고려할 곳은 적어도 현재 수준의 채용을 진행할 수 있는 기업 규모에서만 가치가 있다.

중견기업, 소규모 기업으로 갈수록 인사담당자에게 요구하는 업무스펙트럼은 더욱 넓어지기 마련이다. 그곳에서는 채용은 인사담당자가 처리해야 할 수많은 업무 중 하나일 뿐이다(중견기업이나 소규모 기업으로의 이직이 다운그레이드만은 아니다). 역설적으로 현재 회사에서 다른 직무를 경험하지 못한다면 향후 관리자로서는 이직하거나 성장하기 어렵다는 것을 의미한다. 마치 우리가 핸드폰을 바꿀 때 부품 하나만이 아니라 통째로 바꾸는 것처럼 말이다.

급변의 시대, 변화를 외면하다

'연봉은 작지만 몰려드는 업무에 치이기보다는 한곳에 정착해서 살고 싶어.'

퇴직하고 이전 직장 동기를 만났다. 국내 굴지 S그룹의 공채로 입사해서 4년간 해외 근무를 하며 억대연봉을 받았다. 한창 잘나갈 시점에 직장을 그만두고 택한 것은 9급 공무원.

이해가 되지 않았지만 더 놀란 것은 같이 근무하는 신입들 중에도 대기업 인력이 많다는 것이었다. 취직만 하면 모든 것이 해결될 줄 알았지만 가치 실현은커녕 워라밸, 안정성도 찾지 못한 청년들이 정규직의 꿈과 저녁 있는 삶 더 근본적으로는 생존에 끌려 공무원을 준비한다.

한 신문기사에 따르면 대학생과 직장인 6,405명 중 58.5%가 공무원 시험을 준비하거나 의향이 있다고 하며 2017년에 7, 9급 공무원 시험을 준비하는 공시족이 무려 25만여 명이라고 한다. 청년의 60%가 희망하며 25만 명이 응시하는 최대 400:1의 경쟁률의 시험. 명실상부한 대세라 부를 만하다.

　그렇다면 정년이 보장되면 안정적인가?

　"주변 직장인들이 공무원을 부러워하는 경우가 많아요. 복지도 좋고 윗사람 눈치 볼 일도 상대적으로 적고 잘릴 위험도 없잖아요."

　공무원을 택한 이유에 꿈을 이루고 싶어서 공무원이 됐다는 말은 왠지 낯설다. 잡코리아의 조사에 따르면 직장인이 재취업 일자리 1위로 공무원을 꼽으며 가장 큰 장점으로 언급한 것은 역시 정년보장(59.8%)이었다. 비정규직과 기업의 도산이 일상인 오늘, 청년들은 단군 이래 최대의 스펙을 쌓았지만 스펙이 부족하다고 내쳐지고 실력이 아닌 보이지 않는 차별에 지쳤다. 그런 그들에게 공무원은 적어도 기회가 균등하다는 이유로 비록 바늘구멍 같은 기회일지라도 약속의 땅처럼 다가오는 것은 분명하다. 그렇다면 공무원처럼 정년이 보장되면 안정적일 것인가?

　여기서 대세인 공무원을 폄하하거나 비하할 생각은 전혀 없다. 공무원은 훌륭한 직업이다. 하지만 직업적인 매력과 상관없이 다만 안정성만으로 급여와 여가에만 가치와 만족을 찾는다면 30년간 반복되는 업무가 과연 본인에게 어떤 의미가 있는지는 자문해 볼 일이다. 아울러 최선의 선택이 아닌 최악을 피하고자 하는 차악의 선택이라면 현실을 좀 더 냉정하게 짚어 볼 필요가 있다.

과거 아버지 세대에 안정적인 직장은 분명 축복이었다. 사실 당시에 공무원은 그리 인기 있는 직업이 아니었다. 다른 직장에서도 어느 정도 고용안정성은 보장되고 있었으며 더 많은 연봉과 기회들이 있었기 때문이다. 고성장의 시기, 잦은 야근과 회식은 많았지만 그렇게 직장에 충성하면 적어도 우리 아이 대학 등록금은 마련하고 조그마한 내 집은 마련할 수 있는 사회였다. 아버지의 부재가, 아버지의 미덕으로 여겨지던 시대였다. 시골에서 자수성가했어도 직장생활만을 통해서도 어느 정도는 중산층에 진입할 수 있는 보편적 기회의 시대였다. 하지만 외환위기와 금융위기로 이는 꿈같은 이야기가 되었다. 이런 현상은 어느 산업군이나 통용되는 일이다.

내가 신입사원이던 시절 간간이 정년퇴직 회식이나 창립기념일에 맞춰 정년퇴임 행사를 하곤 했다. 하지만 현재는 경험산업으로 불리는 건설업조차 20대가 희망퇴직을 하는 세상이다. 20~30년 사이 세상이 왜 이리 강퍅해졌을까?

문제는 저성장, 고령화에 있다. 선대인 소장의 『일의 미래, 무엇이 바뀌고 무엇이 오는가?』에 따르면 10%를 넘던 경제성장률이 30년도

되지 않아 2%로 뚝 떨어진 것을 볼 수 있다. 아울러 기존에는 기대수명이 짧았기에 60세에 은퇴를 하면 연금과 주택자금으로 삶을 영위할 수 있었다.

과거에는 흔히 아동기 / 청년기 / 성인기 / 노년기로 생애주기를 비교적 간단히 나눌 수 있었다. 하지만 지금은 이렇게 네 가지 만으로 생애주기를 구분하기에 어려움이 있다. 더불어 문제는 100세 시대, 은퇴 후 살아가야 할 40년에 있다. 안정적인 직장도 없거니와, 정말 운이 좋아 정년에 은퇴를 한다 해도 적어도 20~40년의 삶이 우리를 기다리고 있다. 커피숍이나 가게나 한다는 생각은 버리자. 이것은 직장생활보다 어려우면 어려웠지 결코 쉬운 길이 아니다.

스마트팩토리, IoT, 공유 경제로 대변되는 4차 산업혁명은 텔레마케팅, 건설노동자 등 단순직뿐만 아니라 의사, 변호사 등 '사'자로 대변되는 전문직에까지 영향을 미치고 있다. 단순히 텔레마케터의 자리가 없어지고 왓슨스가 진료를 대신 보는 문제로만 여기지 않길 바란다. 이는 반복되는 일자리의 대체와 배움 없는 노동력의 도태를 의미한다.

딜로이트 컨설팅의 『일의 미래』에 따르면 미국 경제의 10년간 (2005~2015) 창출된 신규고용의 94%가 긱(Gig) 일자리에서 창출되었다. 긱(Gig)이란 본래 1920년대 미국 재즈 공연에서 즉석으로 연주자를 섭외하는 것을 뜻한다. 현대에서는 필요에 따라 임시직을 섭외해 일을 맡기는 고용 형태의 의미를 지닌다.

비정규직, 최저임금 등 민감한 사항에 대해서 정치적으로 보호망을 치고 있지만 이는 근본적인 대책 없이 임시방편적 행동으로 마치 1차 산업혁명 때 러다이트 운동(1811~1817년 영국의 중부, 북부의 직물공업지대에서 일어났던 기계 파괴운동, 두산백과 참조)처럼 시대에 역행한 이길 수 없는 게임임은 너무나 자명하다. 미국의 경우 공무원, 교육계, 학계 등 상대적으로 안정적인 분야도 영향을 받고 있으며 미국 기준으로 2011년 해고된 노동자의 1/3은 공무원이었다.

4차 산업혁명은 개인에게만 희생과 변화만을 강요하지 않는다. 변화하지 않는 기업에게도 가혹하긴 마찬가지다. 다이앤 멀케이의 저서 『긱 이코노미』에 따르면 S&P500 기업의 평균수명은 1920년대에 67년이었지만 지금은 15년에 불과하다.

아울러 한 연구소의 조사에 따르면 상장기업의 전형적인 반감기는 약 10년이라 한다. 개인의 생애주기보다 기업의 수명이 더 짧은 시대. 내가 기업에 죽어라 충성해도, 기업이 그런 나를 애지중지 예뻐한다 해도 내 정년을 보장해 줄 수 없는 시대다. 즉 개인이 영위할 수명은 늘었지만 안정적인 직장을 찾기는 점점 어렵다. 이는 안정적인 소득을 기대하기 어렵다는 뜻이다.

현시대는 끊임없는 배움을 요구한다. 하지만 아이러니하게도 안정성은 우리를 배움으로부터 떨어뜨려 놓는다. 우리는 경험으로 이미 알고 있다. 보통 사람들이 선호하는 대기업, 금융권, 공무원, 군인들이 퇴직 이후에 노후를 어떻게 보내는지.

누군가의 말처럼 현실은 회피할 수 있지만 현실 회피의 결과는 회피할 수 없다.

chapter
two

가지 않은 길
이직이 답이다

memo.

안정성은 어디에 있는가?

주변에서 공무원 시험 열기를 확인하는 것은 더 이상 새로운 일이 아니다. 경쟁률이 상상을 초월하고 상대적으로 연봉도 낮은 편이지만 일반 기업에서 누리지 못한 안정성과 워라밸을 찾아서 무엇보다 실력이 아닌 학벌과 스펙의 차별이 싫어 노량진행을 결심한다.

반대로 누군가는 같은 업무에도 확연히 차이 나는 연봉. 고질적인 을의 설움이 싫어 네임밸류와 고연봉을 찾아 대기업행을 결심한다. 관료주의, 꼰대문화가 싫고 일다운 일을 하고자 스타트업, 창업의 문을 두드리는 청춘도 있다. 삶이 준 물음도, 이에 대한 답도, 각양각색이지만 변화를 갈망하는 청춘의 꿈은 크게 다르지 않다.

매슬로우의 인간의 욕구처럼 우리는 살기 위해(생리적, 안정), 인정받기 위해(인정, 존경), 자아실현을 꿈꾼다. 단지 연봉만을 위해서, 워라밸의 Life만을 위해서 우리는 너무나 많은 시간을 준비했으나 이보다 더 많은 시간을 일해야 한다.

앞 장에서는 이직의 고민 앞에 서 있는 오늘의 '내'가 직면한 내외적 상황과 대안들을 짚어 보았다. 안정적인 공기업도, 연봉 많은 대기업도, 부족한 스펙을 채우고자 하는 '가지 않은 길'도 대안이 될 수 없음을 알게 되었다. 이는 급변하는 시대의 변화와 시장의 요구에 따라 이직은 피할 수 없는 과정임을 시사한다. 앞선 대안들에 비해 사실 이직이라는 주제는 더 소극적이고 진부해 보인다. 우리 주변에 부러움을 사는 친구들은 공무원 시험에 합격하거나 안정적인 대기업에서 많은 연봉을 받는 이들이다. 멋지게 사표 내고 선진국 어딘가에서 치열하게 공부하는 친구들, 즉 판을 뒤집고 획기적으로 변신한 친구들이기 때문이다.

이에 비해 이직은 하는 일은 물론, 상황적으로도 크게 달라지는 부분이 없다. 앞서 다른 제안들에 비해 속도 면에서나 외향적으로도 그렇게 매력적으로 보이지 않는다. 하지만 나는 확신을 가지고 말할 수 있다. 안정성, 연봉, 스펙의 시대적 상황과 환경 가운데 휘둘리지 않고 일에서 바로 서는 길은 '이직'이며 단연 가장 중요한 것은 '첫 이직'이라고 말이다.

일회성이 아닌 장기적이면서도 안정적인 직업을 원하는가? 주도적 업무 및 자기 계발을 원하는가? 동년배, 같은 직군에서 높은 연봉을 원하는가? 나다운 삶과 '내 일'을 찾기 원하는가? 다시 한 번 말해도 대답은 같다. '첫 이직'이 답이라고 말이다. 내가 첫 이직이 답이라 확신하는 이유는 시대적 환경과 이직의 특성에 기인한다. 시대가 변하고 있다. 이직은 피할 수 없다.

평생직장의 종말은 이제 진부한 말이 되었다. 평생직업 역시 그러하다. 가능성이 0%에 가깝지만 100세 시대에 과연 55세에 은행원으로 정년퇴직하는 것이 축복일까?

생애주기가 길어지며 기업들이 끊임없이 혁신을 해야 하는 것처럼 개인도 자신의 능력을 지속적으로 발전시켜야 한다. 지금 정년퇴직을 한다면 2번째 직업은 40대에 준비해야 한다.

2016년 세계경제포럼 〈미래의 직업〉 보고서에서는 새로운 과학기술, 비즈니스 모델, 시장개발에 따라 모든 산업기술의 35%가 바뀔 것으로 예측하였다. 또한 닉 러브그로브는 그의 저서 『스워브』에서 '사다리'를 오르던 시대의 종말을 선언했다.

현재 사회는 더 이상 하나의 조직이나 기업에 머물지 않고 다방면으로, 동시다발적인 성장을 도모한다. 이와 같은 커리어 경영을 두고 닉 러브그로브는 '정글짐'이라 표현하기도 했다.

한 직장에서 10년을 보내고 직급만 승진하던 시대는 끝났다. 기업의 수명도 직업의 수명도 보장할 수 없을뿐더러 실제 그 기업의 수요가 있다 해도 당신의 자리라는 보장은 없다. 즉 위에 보이던 사다리를 하나씩 잡고 오르던 시대는 끝났다.

실제 미국인은 2010년을 기준, 18~46세까지 11개의 직업을 평균적으로 거친다. 물론 직장을 거칠 때마다 폭을 더 넓힐 기회도 생기겠지만 본인의 가치를 증명해야 할 시험대에 오를 것이다. 우리의 직장과 직업은 변한다. 이에 따라 개인도 변해야 함은 자명한 사실이다.

· · · · · · · · · ·   **이직은 프레임을 바꾼다**   · · · · · · · · · ·

흔히 프레임을 바꾸기 위해서 택하는 방법은 앞서 언급한 MBA, LLM 등 학위나 자격증이지만 희소성과 가성비 측면에서 더 이상 매력적인 대안이라 말하기 어렵다. 물론 MBA, LLM 모두 치열한 경쟁을 거쳐야 하는 만큼 향후 획기적인 커리어 전환이 된다. 하지만 대졸자의 기하급수적인 증가와 같이 현재 전문직 인력 역시 보편화된 것이 사실이다.

저명한 변호사이자 작가인 리처드 서스킨드, 옥스퍼드 경제학 교수인 대니얼 서스킨드는 그의 저서 『4차 산업혁명 시대, 전문직의 미래』에서 사회적 변형으로 전문가가 지닌 사회적 전문성이 점차 보편화될 것을 예견했다. 아울러 테일러 피어슨은 그의 저서 『직업의 종말』에서 2014년 로스쿨 졸업자의 취업률이 6년 연속 곤두박질치고 있음을 언급했다.

단지 연봉의 상승이나 스펙을 위한 공부라면 그물만 만들다가 물고기를 놓치는 일이 발생하기 쉬운 것이다. 뒷장에서도 언급하겠지만 이직 시 가장 중점적으로 검토하는 것은 직무적합성, 즉 경력이다. 현장에서 배운 일과 고객(학생)으로서 배운 이론 중 어떤 것을 더 중시할 것으로 생각하는가? 학교에서의 배움이 현장의 속도를 따라올 수 있을까? 다른 배움은 불가피하게 현 직장, 현장과의 단절을 수반한다. 이직은 경력의 연속성, 확장성을 보장한다.

········· **이직은 주도적 행동이다** ·········

최근 기업 분위기가 수평적 조직구성, 자율과 책임에 중점을 두는 쪽으로 전환되고 있지만 과연 직장생활 가운데 주도적 선택에 의한 일이 얼마나 될까?

회의시간과 회식 때에도 내 의견을 내기 전 여러 생각이 스치는 것이 사실이다. 계속 언급한 바와 같이 이직은 피할 수 없는 현실이다. 결과는 정해져 있다. 회사는 반드시 그만두게 되어 있다. 그렇다면 선택은 두 가지이다. 떠밀려서 나올 것인가? 내 발로 걸어 나올 것인가?

아무도 당신에게 이직하라고 말해 주거나 권하지 않는다. 회사에서 당신에게 이직을 권유할 때는 당신의 존재가 누군가로 대체될 수 있거나 필요성이 없어진 경우다. 당연히 당신의 연봉도 예전 수준을 기대하기 어렵다. 이직은 주도적 행동이다. 아울러 주도적이어야만 하는 근본적 이유다.

물론 누군가에게는 공무원이 답일 수도 있다. 현재 직장에서 인정받고 연봉도 만족스러워 이직의 큰 니즈가 없을 수도 있다. 직장인들이 꿈꾸는 카페 사장님이 본인의 길일 수도 있다. 자신의 욕망을 따라 진로를 선택했다면 내가 할 수 있는 것은 격려와 응원뿐이다.

하지만 이것들이 단지 끔찍한 현실에 대한 도피적 대안이라면 미안하지만 그 대안 역시 도피일 뿐이다. 우리가 가장 두려워하는 일은 역설적으로 우리가 꼭 해야만 하는 일이다. 막연한 환상에 기인하였다면 역시나 현실은 만만하지 않다. 변화가 두려워 머무르기를 택했다면 애석하게도 현실은 물가상승률에 미치지 못하는 연봉, 의미 없이 반복되는 생활 그대로 일 것이다.

당신이 욕하는 그 과장님을 점점 이해하며 닮아 갈 것이다. 당신의 상사들이 정말 로열티만으로 한 직장에서 다니고 있다고 생각하는가?

선부른 도전과 방향성 없는 잦은 이직, 감가상각이 다할 때까지 우직하게 버티게 되면 결국 당신의 경력은 주저앉게 된다. 도의적으로는 이해할 수 있다. 하지만 당신 옆에 있는 적합한 후보자를 제쳐 두고 당신을 택할 만큼 세상은 한가하지도 자비롭지도 않다. 결국 수지타산이 맞는(이전 회사경력에 비해 훨씬 저평가되어) 곳에 갈 수밖에 없다. 미안하지만 기업문화도 보수도 기대하기 어렵다. 채용사이트에는 모두가 부러워할 만한 학벌에 경력을 가졌지만 아무도 찾지 않는 인재가 수두룩하다. 경력관리의 실패로 이직에서의 주도권을 잃었기 때문이다.

시장이 찾는 인재는 나를 써 주기를 기다리는 인재가 아니라 주도성을 지닌 인재다. 안정성, 주도권, 자아실현 모두 회사로부터 주어지는 것이 아니라 당신의 가치에 수반되는 것들이다. 주도권을 잡기 위해서는 주도적이어야 한다. 주도적이기 위해서는 실력과 경력을 겸비해야 한다. 첫 이직이 답인 이유다.

이직은 자신의
현재 평가 프레임을 바꾼다

일정한 슬픔 없이 어린 시절을 추억할 수 있을까?

지금은 잃어버린 꿈, 호기심, 미래에 대한 희망

언제부터 장래희망을 이야기하지 않게 된 걸까?

내일이 기다려지지 않고, 1년 뒤가 지금과 다르리라는 기대
가 없을 때 우리는 하루를 살아가는 게 아니라 하루를 견뎌 낼
뿐이다.

-드라마〈연애시대〉중

직장인 중 대학 때 선택한 전공에 따라 진로를 결정한 사람이 몇이
나 될까? 전공을 적성에 따라 선택한 사람은 몇 명이나 있을까?

사람은 누구나 저마다의 프레임, 사고의 틀을 가지고 있다. 우리 각자의 프레임으로 현상을 이해하고 사람을 판단하듯 우리 역시 타인의 색안경, 편견으로 인해 대우를 받기도, 차별을 받기도 한다. 우리가 프레임으로 세상을 보는 것처럼 타인 또한 프레임에 따라 판단한다.

서울대 심리학과 최인철 교수는 그의 저서『프레임』에서 프레임을 '세상을 바라보는 마음의 창'으로 정의하였다. 프레임은 우리가 생각하는 과정을 선택적으로 제약하고 궁극적으로 생각의 결과를 결정하는 역할을 한다. 이직은 프레임을 바꾼다. 프레임이란 말이 낯설다면 개인의 선입견, 편견, 색안경으로 풀이해도 좋을 것이다.

첫째, 시장이 나를 바라보는 시선을 바꾼다.

헤드헌터로서 후보자를 면담하다 보면 본인의 희망사항과 경력사항이 차이가 나는 경우가 종종 있다. 단순히 기업 규모의 차이가 아니라 같은 산업군 내라도 관련성이 적은 포지션을 지원하거나 같은 직종이지만 업종의 성격이 차이 나는 경우다. 그래도 이 경우는 어느 정도 공통점이 있기에 도전해 볼 만하다. 상품과 산업에 대한 이해 없이 포지션을 바꾸는 경우에 비하면 말이다.

아무리 지원자가 소비재의 마케팅, 영업 업무에서 괄목할 만한 성과를 냈다 해도 제조업에서 지원자를 마케팅, 영업 담당자로 뽑을 확률은 저조하다. 같은 직군일지라도 산업군에 따른 디테일의 차이가 있기 때문이다. 당신의 바람과 지향점 사이를 줄이는 것, 즉 디테일을 줄이는 것은 퇴직, 진학과 같은 획기적 변화가 아니다. 경력직 채용의 발생은 단순히 업황만을 반영하지 않는다. 계속되는 불황, 구조조정 속에서도 이를 극복할 인재를 뽑는 것이 바로 경력직 채용이다. 경력직 채용은 철저히 회사의 상황에 따라 발생한다. 이직을 통해 당신의 명함이 바뀌었을 때, 헤드헌터나 회사로부터 지속적인 러브콜을 받게 될 때, 당신을 바라보는 시장의 관점은 달라진 것이다.

둘째, 이직은 내가 시장과 세상을 바라보는 프레임을 바꾼다.

딜로이트 컨설팅의 『일의 미래』는 미래를 디지털 대평원에 비유하며 더 이상 개체(직장인)의 안정성보다는 역동성이 필요함을 역설하였다. '일주일에 5~10시간을 온라인 교육에 쓰지 않는 사람은 쓸모없게 될 것'(AT&T회장 랜들 스티븐슨), '경력은 이제 단순히 근무기간일 뿐이다. 기업들로 하여금 사람들이 몇 년밖에 머물지 않을 거라는 가정하에 조직을 설계하라'(링크드인Linked in 공동 창업자, 리드 호프만) 등 책 속에 언급된 경영 구루들의 주장은 이를 더욱 뒷받침한다.

일반적으로 대기업공채는 동년배 대비 연봉, 복리후생은 물론, 같은 회사 내에서도 네트워크, 승진 등 여러모로 장점을 가지고 있다. 조직문화와 역사가 깊은 곳일수록 공채, 파벌 문화는 거대한 힘을 발휘한다. 대기업, 소위 잘나가는 직장일수록 본인의 회사생활에 안주하는 경향이 있다. 이보다 더욱 문제인 것은 규모에는 익숙하지만 업무 스펙트럼은 다른 인력들에 비해 한정된다는 것이다.

일례로 내가 속해 있던 과거 재경 팀은 족히 50명은 되었다. 업무의 양도 방대하고 다루는 숫자의 규모도 몇 조로 어마어마했다. 하지만 업무영역은 중견기업, 스타트업 대비 작은 부분을 다룰 뿐이다. 시간이 지날수록 운신의 폭이 줄어들게 된다. 앞서 살펴본 것처럼 이직은 피할 수 없는 현실이며 현실은 회피할 수 있을지언정 현실 회피가 불러오는 결과를 회피할 순 없다.

결국 회사에서 나를 필요로 하지 않았을 때는 어디도 운신하기 어려운, 부담스러운 무거운 몸이 된다. 당신의 꿈이 무엇이든 현재 가지고 있는 열정, 돈, 경험만으로는 이상향과 현재의 모습의 간극을 메우는 데 부족함이 있고 많은 시행착오가 필요하다. 이직은 그 간극을 줄여 준다.

준비 없는 퇴직은 지옥이다. 회사에서 제공해 주는 것은 복리후생뿐만이 아니다. 은행에서 대출을 받을 수 있는 것도, 신용카드로 밥값을 계산할 수 있는 것도 당신의 지불 능력과 신용으로 누릴 수 있는 것이 아니다. 퇴사를 하는 순간 자산이 없다면 당신은 이 모든 것을 내려놓아야 한다. 당신의 신용, 가치는 회사의 이름으로부터 창출되었기 때문이다.

『명견만리』에 따르면 한국인의 27%가 자영업을 하고 있다고 한다.

그중 80%는 다른 대안이 없어 자영업을 택하는 경우다. 단순한 산술계산이지만 대안이 있고 대출이 없고 5대 업종을 하지 않을 비율은 단지 0.2%에 불과하다.

경력직 채용 기준 중 출신 회사는 후보자를 평가하는 주요지표이지만 출신 회사만으로 평가하지 않는다. 채용 시 주목하는 것은 연차가 아닌 경력, 곧 성과다. 공채의 경우 통상 한 회사에서 멀티플레이어로 자라긴 좋지만 그 회사에만 특화된 인재로 자라기 십상이다. 커리어 점프를 위해서 경력관리를 위해서는 어찌 보면 낭만적이다. 생존을 위해서 이직은 고려돼야 한다.

퍼스널 브랜드로 탈바꿈되는 이직

앞서 서론에서 어떠한 직업도 안정성에 답을 줄 수 없다는 사실을 설명했다. 안정성을 찾기에는 현시대의 흐름이 너무나 빠르고 기대수명은 이전보다 더없이 길며 변화의 속도를 따라가기에는 기존의 프레임으로는 해석과 적응이 어렵기 때문이다.

앞서 말한 시대의 흐름과 기대수명은 종속적 수치다. 우리가 바꿀 수 없다. 우리는 오늘날 19세기 산업혁명 시대에 러다이트 운동이 얼마나 어리석은 줄 안다. 굴삭기의 경쟁은 무의미한 것이다.

실제로 영국에서 이런 시합을 해 사람이 이겼다. 하지만 과로로 곧 운명을 달리했다. 이를 넘어 오늘날 알파고와 이세돌 9단의 세기의 대결을 통해 인간의 우위 영역이라 믿었던 바둑에서도 기계의 승리를 목격했다. 과거의 시대가 아날로그 '동물원'이었다면 앞으로의 시대는 디지털 대평원의 시대인 것이다.

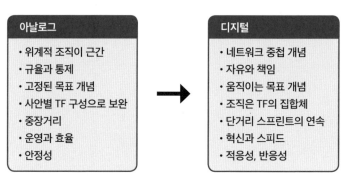

아날로그	디지털
• 위계적 조직이 근간	• 네트워크 중첩 개념
• 규율과 통제	• 자유와 책임
• 고정된 목표 개념	• 움직이는 목표 개념
• 사안별 TF 구성으로 보완	• 조직은 TF의 집합체
• 중장거리	• 단거리 스프린트의 연속
• 운영과 효율	• 혁신과 스피드
• 안정성	• 적응성, 반응성

'디지털 조직 혁신의 핵심 개념', 딜로이트 컨설팅, 『일의 미래』 원앤원북스, 2018

시대를 바꿀 수 없다면 바꿔야 할 것은 바로 나다. 즉 집중해야 할 것은 바로 나의 프레임을 바꾸는 일이다. 위 표에서처럼 현재의 시대는 안정성과는 거리가 멀다. 언젠가부터 진급 누락은 더 이상 열등한 조직원에게만 한정되는 것이 아니다. 수평적 조직이 늘고 있다. 합리적이고 바람직해 보일 수 있지만 기존 조직의 시니어들이 생존의 위험을 느끼기에 충분하다. 변화에서의 안정성은 역설적이게도 변화로 얻게 된다. 적응해야 한다. 반응해야 한다. 누구도 당신을 자동으로 진급시켜 주지 않는다. 그만두라 할 때 일자리를 알아봐 주지 않는다.

현시대에 소위 잘나가는 직장의 매력은 확실하다. 일반 직장인의 월급을 훨씬 웃도는 연봉은 물론, 은행에서 대출을 받을 때도 소개팅, 상견례에서도 그 능력은 사실 막강하다.

내가 헤드헌터로서 인력을 설득할 때 난해한 경우가 많다. 현 직장이 주는 이득 대비, 후보자를 설득할 수 있는 셀링 포인트(Selling Point)를 찾기 어렵기 때문이다. 오히려 이직을 상담하는 후보자에게도 현 직장이 주는 메리트가 훨씬 크다는 사실을 어필해 현재 직장생활을 잘하도록 설득해 돌려보낸 경우가 부지기수다.

하지만 매일 풍족한 먹이를 줬을지라도 그것이 평생이라 믿지 마시라. 현 직장이 주는 안락함에 취하다 보면 정작 시대의 흐름을 놓치는 경우가 많다. 이것은 단순히 당신의 현 직장만을 의미하는 것이 아니다. 당신의 직업군 전체를 의미한다.

현재 엘리베이터 안내원을 본 적이 있는가? 60년대까지는 제법 많은 인력이 고층빌딩의 엘리베이터 안내원으로 있었다. 현재 주판 학원을 본 적이 있는가? 80년대에는 제법 많은 주판 학원이 있었다. 피부에 와닿지 않는다면 현재의 중공업, 플랜트 인력은 어떤가? 30대 대리·과장급 인력이야 다른 산업군으로의 전환이 가능하지만 40대 중후반의 가장들은 누구를 탓할 것인가? 당신의 산업군이 아니라고? 5년 전 해당 직군은 유망 직종이었고 너도나도 관련 학과와 교육과정을 신설했다.

이직이 답이다. 이직은 당신을 ○○맨이 아닌, 퍼스널 브랜드로 인식시켜 준다.

깊이와 폭의 숙제

'직장생활은 제너럴리스트(Generalist)가 맞나요? 스페셜리스트 (Specialist)가 맞나요?', '폭을 넓혀야 하나요? 깊이를 파야 하나요?'

나 역시 직장생활 중 상사에게 자주 물어봤던 질문이고 후배들에 게도 후보자들에게도 많이 듣는 질문이다. 사실 이 질문은 그렇다, 아니다로 시원하게 대답할 수 없다. 제너럴리스트는 다방면에 걸쳐서 많이 아는 사람을 뜻한다. 회사의 흐름을 빨리 이해하고 적응하는 넓은 통찰이 강점이다. 하지만 본인의 전문성이 없기에 어디도 찾아 주는 사람이 드물다. 문제를 다방면의 시각에서 볼 능력은 있지만 정작 문제를 해결할 수 있는 노하우나 지식은 본인 손에 없기 때문이다.

반대로 스페셜리스트는 문제를 해결할 능력이 있지만 오직 자신의 경험과 스킬에만 국한돼 생각할 뿐이다. 회사에서 흔히 서로를 비난할 때 '(실력없이)말만 뻔지르르한 사람', '꽉 막힌 사람'으로 치부되기 십상이다. 이 문제가 비단 직군에서만 문제일까?

국내 기업의 경우 이직횟수가 적을수록 이직에 유리하다. 아무래도 조직에 오랜 기간 몸담은 사람이 로열티도 있고 성과와 대인관계도 좋다는 경험에서의 선입견이다. 반대로 외국계의 경우 이직 횟수가 없는 우수 인재를 추천했을 때 종종 탈락하는 경우가 있다. 이유를 들어보면 해당 직군이 아니라 그 회사에만 특화된 느낌이 들어서란다. 같은 규모의 회사에 직군일지라도 회사마다 일하는 방식이 다르다. 직군에서만이 아니라 경력에 있어서도 제너럴리스트와 스페셜리스트의 특징이 나오는 것이다.

오히려 최소량의 법칙(식물의 성장은 자원, 영양의 총량이 아니라 최소량의 요소에 의해 결정된다는 이론-독일 식물학자, 폰 리비히)에 가깝다. 일을 아무리 잘할지라도 대인관계가 약하면 문제는 대인관계에서 생긴다. 대인관계가 아무리 좋아도 능력이 기대 이하이면 끌어 줄 수가 없다. 생애주기에 한 직장을 다닌다는 것은 과한 욕심이자 불가능한 일이다. 회사가 당신을 내보낼 땐 정년퇴임이든 명예퇴임이든 당신의 감가상각이 다한 후일 가능성이 크다.

이직이 답이다. 이직은 나를 어느 회사 출신의 몇 년 차가 아닌 전문가로 인식시켜 준다.

현시대의 흐름에 따라 안정성에 대해서 강조했지만 행복은 안정성만으로는 얻을 수 없는 것임은 분명하다. 안정성은 최소한의 필요조건인 것이다. 워라밸과 소확행의 시대에 안정성과 연봉을 어필하는 것이 시대에 뒤떨어져 보일 수도 있다. 하지만 한 번만 생각해 봐도 워라밸도, 소확행도 소득이 뒷받침되지 않고서는 점점 더 작은 것으로 좁혀진다. 편하고 스트레스 없는 일을 하지만 매주 금요일 친구들과 불금을 보낼 때 지갑이 신경 쓰이고 치킨 대신 편의점 컵라면, 영화 한 편으로 시간을 보낸다면 과연 행복하다고만 할 수 있을까? 일도 좋고 삶의 밸런스도 맞지만 미래를 기약하기 어렵다면 이 또한 좋은 일일까?

잡코리아에 따르면 중소기업 직장인의 연봉이 초봉보다 두 배가 되는 시점은 차장 때다. 이는 전 직급 대비 18.5%의 인상률을 가진 것으로 집계되었다. 연차에 대한 언급은 없지만 통상적인 4-4-4-4 직급 연한을 적용했을 때 대략 13년 정도 소요되는 것으로 보인다.

누차 강조했듯 이직은 주도적 행동이다. 후보자의 욕망도 필요조건이지만 이것만으로는 화학 작용이 일어나지 않는다. 가장 먼저 선행되어야 할 것은 고객사의 니즈다. 재직 중인 후보자는 우위를 선점할 수밖에 없는 구조고 이는 연봉상승에 기인한다. 통상 5~10%이지만 이것은 동일 규모 회사로의 이직의 경우다. 중소기업에서 대기업으로 이직을 하게 되는 경우 혹은 회사의 필요에 의해서 이직을 하는 경우에는 협상의 키는 후보자가 쥐게 된다. 더 높은 연봉이 따라옴은 물론이다.

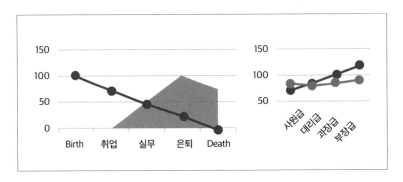

갈색 그래프는 생애주기에 따른 통상적인 정규직, 공채의 연봉 상
승 곡선이다. 우측의 회색 그래프처럼 잦은 이직, 잘못된 이직은 연봉
상승폭이 미미하거나 하락한다.

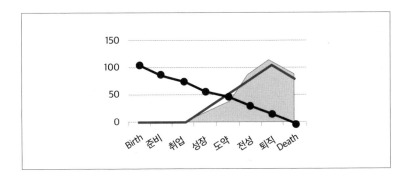

잘못된 이직은 연봉하락, 경력단절을 초래하지만 바른 이직은 정
규직 공채 대비 가치가 상승함을 볼 수 있다. 이는 영국의 경영 구루인
찰스 핸디가『포트폴리오 인생』에서 언급한 두 번째 곡선과 일치한다.

이직은 불변이다 –
나올 것인가, 밀릴 것인가?

'어느 직장보다 탄탄했고 선배들도 거의 대부분 정년까지 다 다니시고 은퇴하셨어요. 경기가 좋지 않아 그만… 평생직장이라 생각했는데…'

중견기업에 지원한 국내 탑3 중공업, 계장 엔지니어 P차장은 끝내 말끝을 흐렸다. 40대 후반, 헤드헌팅으로는 임원이 아닌 이상 채용이 어려운 나이. 그래도 경력이 워낙 좋아 고객사에 연봉을 2천 이상 낮춰 '회사 내규 협의'로 추천을 했지만 며칠 후 쓰라린 마음으로 탈락 통보 연락을 해야 했다.

직장생활을 하고 월급쟁이의 삶을 택한 이상 만년 차장이든 회사

CEO든 피할 수 없는 것이 바로 퇴직이다. 삶에 끝이 있다는 사실을 잊고 사는 대부분처럼 직장생활에 숨 쉴 틈 없이 밀려오는 업무와 월급이 주는 안락함에 취하다 보면 끝이 있다는 사실을 망각하고 살게 된다. 당신은 과연 얼마나 준비되어 있는가?

·········· 누구도 말해 주지 않는 타이밍 ··········

'회사 안은 전쟁터지만 밖은 지옥이야.'

드라마 〈미생〉의 한 장면, 아무도 오지 않는 3층 고깃집을 창업한 선배가 텅 빈 가게를 보며 한 말이다. 이 대사는 여러 직장인들의 마음에 위안을 주었다. '여기도 죽을 맛이지만 밖은 지옥이야. 어떻게든 버티자.'

불확실성보다는 지금의 안정이 더 좋아 보인다. 설령 지금이 불행일지라도 새로운 곳에 적응하는 것도 새로운 사람을 만나는 것도, 여간 불편한 일이 아니다. 졸면서도 갈 수 있는 출근길과 달리 초행길은 발걸음마저 낯설기 마련이다.

대부분의 독자가 불확실성보다 불행을 택하는 이유는 여러 가지이다. 수만 가지 이유 중 몇 가지 범주로 묶어 보면 이렇다.

❶ 우리 회사가 최고인데 굳이!

❷ 다른 곳도 다 비슷하잖아?

❸ 여기 아니면 갈 곳도 없는데!

상황은 각자 달라도 명심해야 할 것은 반드시 회사에서 나올 시기가 있다는 사실이다. 흔히 이직을 한 번 생각해 보는 시기가 3~5년 차, 헤드헌팅을 통해 활발한 채용이 이뤄지는 직급 또한 대리~과장급이다.

실제 보수적이고 안정적인 산업군의 대기업도 부장직군을 뽑는 경우가 거의 없거니와 설령 부장급 인재를 요청해도 암묵적으로 최대 40대 초반의 인력을 원하고 있다. 회사에서 40대 임원을 보기는 쉽지 않지만 대부분의 회사에서 임원을 채용할 때 원하는 연령대는 임원을 포함해 50세를 넘지 않는다.

앞서 하향 지원임에도 취업에 실패한 P차장의 경우를 복기해 보자. P차장의 경우 나무랄 곳 없는 인재다. 어학과 학벌 역시 나쁘지 않고 같은 직급의 인력 대비, 프로젝트 경험 또한 많다. 더욱이 한 회사에서 20년 근무해 회사의 현안들에도 뚝심과 오너십으로 무장된 로열티까지 검증된 인재다. 하지만 아쉽게도 이것은 어디까지나 후보자의 생각이다. 고객사의 입장에서 접근하면 다음과 같다.

❶ 조직구성상 20년 경력의 차장이 신규 조직에 어울릴 수 있을는

지 의문이다.

❷ 한 조직에서 20년간 일했다는 건 다른 조직 문화에서는 쉽사리 적응하기 어려운 경우로 볼 수 있다. 괄목한 성과도, 해당 기업의 조건(유사 규모, 조직, 시스템, 네트워크)에서만 가능한 경우가 많다. 실제 경력직 채용 시 조직 내에서 가장 어려움을 겪는 부분도 '일하는 방식'이다.

❸ 대기업 인재의 연봉처우를 맞추기가 어렵다. 현재 수준에 만족하지 못할 확률이 높고 좋은 오퍼가 오면 언제든 이동할 가능성이 있다.

❹ 대기업 프로젝트 규모가 현재 회사의 프로젝트 규모와 맞지 않다. 해당 업무의 규모는 비교할 수 없겠지만 지금 회사에서 필요한 인력은 한 가지 전문성보다는 여러 상황을 총괄할 수 있는 인재다.

이처럼 후보자가 장점이라 생각한 부분이 고객사 입장에서는 얼마든지 단점이 될 수 있다.

장유유서, 연공서열의 종말

　예전과 달리 지하철이나 버스에서 노인분들께 자리를 양보하는 경우가 많이 줄었다. 초고령사회, 1인 가구 시대, 개인주의의 시대로 들어서며 어른과 아이 사이에 있는 순서와 질서, 장유유서의 가치는 흐려진 유교문화만큼 퇴색되었다.

　강의를 듣던 중 이런 개념에 대해 재미있는 해석을 들은 적이 있다. 과거와 달리 경험이 전달되지 않기 때문에 노인공경이 퇴색되었다는 것이다. 과거에는 그런 어른들의 지혜가 필수적이었고 그런 어른들의 지혜는 자식 세대의 생존에 깊이 관련이 있었다. 하지만 급격한 사회 변화로 오늘날 젊은이들이 사는 세상은 이전 어른들이 경험해 보지 못한 세상이라는 것이다. 전문분야는 물론이거니와 유튜브 크리에이터도, 인스타그램의 해시태그도 어른들에게는 너무 생소한 것이 되었기 때문이다.

　직장생활에서도 장유유서의 종말이 느껴지는 부분이 바로 연공서열(근속 연수나 나이가 듦에 따라 지위가 올라가는 일 또는 그런 체제)의 붕괴다. 과거에는 연차가 곧 연봉이었다. 하지만 최근에는 연차는 물론 직급조차 폐지하는 곳도 늘고 있다. 심지어 가장 보수적이라는 공무원 조직도 호봉제의 폐지를 검토하고 있다. 과거와 같이 연차가 밥 먹여 주던 시절은 끝났다. 철저히 성과로 증명해야 하는 시대다. 물론 이는 앞서 말한 산업구조, 성격의 변화에 기인한다.

혹자는 구시대의 종말, 합리적 문화로 여길 수도 있겠다. 하지만 내가 보기에 이런 일들은 합리적이면서도 적자생존의 냉정한 문화 두 가지 측면을 지니고 있다. 20대 팀원으로서는 아무런 거리낌이 없겠지만 팀 내 최고령 팀원이라면 더구나 팀장이 훨씬 밑에 후배라면 간 쓸개를 다 내놓지 않는 이상 정상적인 회사생활은 어려울 것이다.

『반퇴 혁명』의 저자 명대성 작가는 잘나가는 직장인이었다. 중견회사의 오너 비서실 등 굵직한 보직들을 거친 후 자발적으로 명퇴를 했다. 삶의 여러 번 성공과 실패 끝에 현재는 사업가의 길을 걷고 있다. 그의 책에는 그 경험에서 비롯한 절박하고 현실적인 조언들이 가득하다.

- 대기업 종사자는 을의 생활에 익숙해져 간다. 을로 살아간다고 갑의 본성을 잃어버리지는 않았으면 한다. 우리는 원래 자신의 인생에서 만큼은 언제나 '갑'인 사람들이다.
- 금융기관은 맑은 날 우산을 빌려줬다가 비가 오면 우산을 가져간다.
- 있지도 않은 여유, 그것을 버려야 한다. 반퇴는 처세가 아니라 실력을 만드는 일이다.
- 갑작스럽게 회사에 위기가 온다면 살아남을 무기가 나에게 있는가?

- 버티는 직장인은 비참하다. 콘셉트가 없으면 수명이 짧다.
- 두려움을 없애는 가장 좋은 무기는 준비다.

전설적인 CEO 잭 웰치는 회장 취임 후 '고쳐라, 매각하라, 아니면 폐쇄하라'는 고강도 전략으로 초대형 기업 GE의 사업구도를 바꿨다. 오늘날 기업들이 생존을 위해 끊임없이 혁신하고 합쳐지는 일련의 과정들은 개인에게도 시사하는 바가 크다. 안주하기에는 너무나 급박한 끓기 직전, 98도의 세상이다. 언제 임계점을 넘을지 모른다.

떠날 것인가? 밀릴 것인가? 이것은 무조건 이직을 하라는 말이 아니다. 회사의 속도가 아니라 나의 속도에 따라 주도적 선택을 하라는 것이다. 『직업의 종말』을 저술한 테일러 피어슨이 주장한 것처럼 원하는 것을 찾지 못한다면 불행하게도 다음 두 가지 결과 중 하나에 이를 수밖에 없다. 다른 사람이 하는 것을 하고 싶어 하거나 다른 사람이 하라고 하는 것을 하거나.

이직을 배워야 하는 3가지 이유

현시대에서 이제 이직은 생소하거나 새로운 주제가 아니다. 쏟아져 나오는 서적들도 평생직장의 종말과 이직에 대해서 장려하고, 우리 회사는 물론 주변에도 이직을 하거나 퇴사한 동료들은 넘쳐 난다.

하지만 주변에서 흔해지고 보편화되었다고 쉽게 다룰 수 있는 주제는 분명 아니다. 오죽하면 직장인의 올해 소원이 '연봉인상과 이직'이라는 말일까?

이런 생각으로는 직장생활을 하기 힘들뿐더러 설령 지금까지는 잘했다 해도 앞으로의 직장생활은 고달파질게 분명하다. 회사에서 정말 친한 일부 동기를 제외하면 업무적으로 아무리 친하다고 해도 언급조차 조심스러운 주제임에 분명하다.

앞서 우리는 앞으로의 사회가 이직을 피할 수 없고 이직을 통해서 우리가 추구하는 안정성, 연봉, 스펙 모두 성취할 수 있다는 것을 확인 했다. 즉, 변화의 시대에는 변화만이 답이며 이는 성공적인 이직을 통해서만 가능하다. 즉흥적이고 방향 없는 이직은 경력과 인생을 어렵게 할 뿐이다. 이직을 면밀히, 주도적으로 준비해야 하는 이유다.

· · · · · · · · · · 　　이직의 비밀　　· · · · · · · · · ·

아무리 개방적인 회사일지라도 공석인 자리에서 이직을 언급하는 것은 자살행위다. 알다시피 이직은 많은 시간을 소요한다. 경력직 채용 검토와 이력서 작성이야 늦은 밤과 주말에 커버한다고 해도 적어도 두세 번의 면접을 보기 위해 갖은 평계와 병명을 만들어야 하고 반차나 연차도 사용해야 한다. 즉, 한 번 한 번의 기회에 신중해야 한다. 당신의 휴가는 무한하지 않다. 아마도 당신 상사의 인내심과 눈치는 좀 더 짧고 빠를 것이다.

설령 일시적이라도 다른 회사로 이직하려는 마음을 들킨 이상 당신의 상사가 당신을 똑같이 대하기 바라거나 공정한 평가를 기대하는 것은 과한 욕심이다. 결국 최악의 경우에는 퇴직 후 직장을 구하게 되는 상황에 직면하게 된다.

이직에서 절대적으로 유지해야 할 것은 비밀성, 보안유지다. 아이러니하게도 가장 많은 정보와 인맥이 필요할 시기인데 정작 극도의 보안을 지켜야 한다. 분명한 건 순간적, 홧김에 하는 이직은 디테일을 놓친다는 것이다. 일의 성사는 언제나 사소한 부분으로 좌우된다. 세부적인 내용을 보기 위해서는 장기간 신중하게 준비해야 한다.

· · · · · · · · · · **경력의 연속성** · · · · · · · · · ·

아침에 소복이 쌓인 눈밭을 거닐 때 비를 쫄딱 맞고 집에 들어왔을 때 흔적이 남고 더러워질까 봐 한 발 한 발 거닐기가 조심스러웠던 경험이 있을 것이다. 내 발걸음, 움직임이 고스란히 기록되기 때문이다. 이직의 경우도 같다. 살포시라도 밟은 자리, 한 달이라도 머물렀던 곳조차 숨기려고 해도 숨길 수 없다.

나의 헤드헌팅 경험 중 가장 아쉬울 때가 최종합격 후에 채용이 돌연 취소되는 경우다. 후보자가 다른 곳에 합격하면 축하해 줄 일이지만 후보자도 연봉에 상관없이 간절히 가고 싶어 할 때 취소되는 경우는 여간 안타까운 일이 아니다.

디자이너인 A씨는 면접 후 최종합격 통보를 받고 경력 및 연봉 증빙서류를 제출했을 때 문제가 발생했다. 연봉도 추천서와 일부 상이하고 근속기간도 일부 달랐다. 고객사에서는 크게 당황했고 나 역시 소임을 다하지 못했다는 사실에 얼굴이 화끈거렸다.

마이너한 부분이어서 오해는 풀렸지만 연봉은 재책정되었고 고객사-헤드헌터-후보자의 신뢰는 예전 같지 않게 됐으며 후보자에게는 입사 전부터 선입견을 얻었다.

IT 개발자인 후보자 K씨는 퇴직 후 구직 중에 헤드헌터를 통해 유망한 스타트업에 지원을 했고 고객사 측에서도 흔쾌히 면접 일정을 잡았다. 고객사에서는 하루라도 빨리 채용하고 싶은 마음에 면접 일정을 타이트하게 잡았다. 하지만 후보자는 돌연 면접 불참의사를 밝혔다. 이력서에는 구직 중이었지만 실제로 예전 경력보다 조금 떨어지는 회사에서 2달째 근무 중인 사실을 숨겼기 때문이다.

뒤에 다루겠지만 최종합격 후 통상 '건강보험납입증명서', '연봉계약서', 원천징수 영수증 등의 증빙서류를 요구한다. 근로소득자의 경우 회사에서 4대 보험을 대납하기 때문에 증빙서류에는 후보자가 숨겨도 될 정도로 마이너한 경력, 후보자가 숨기고자 했던 마이너스의 경력이 고스란히 드러나게 된다. 즉, 순간적인 오판에 의한 이직은 최소 3년 동안은 숨길 수가 없고 힘겹게 얻은 기회를 놓치게 한다.

　　페이스북의 친구추천이나 링크드인의 1촌 추천을 보면 놀라움을 금치 못할 때가 많다. 흔히 현재의 특성을 초연결성에 비유하는데 10년 전 초등학교 동창 찾기도 어렵지 않은 세상에 살고 있으니 같은 업종에서 아는 사람을 찾는 것은 일도 아니다. 한 달의 경력마저 족적이 남게 되니 그렇게 만났던 인맥도 동종업계에서는 어떻든 다시 보게 되는 경우가 허다하다. 즉, 이직의 이유가 됐던 당신의 상사도 언젠가 만나게 된다는 것이다.

　　최근 대기업 이직 트렌드 중 꼭 포함되는 것이 평판조회다. 잡코리아의 인사 담당자 208명을 대상으로 한 조사에 따르면 기업의 64.9%가 평판조회를 진행한다. 이 중 대기업은 84.2%, 외국계 기업은 80%를 수행한다고 하니 가히 대세라 할 만하다. 기업에서는 채용이 거의 확정된 상태에서도 채용을 취소하며(68.9%) 채용을 결정하지 못한 상황에서도 중요지표로 채용을 결정하기도 한다(64.4%).

　　마음에 들지 않는 직장이라고 다른 회사의 채용 확정 후 마음대로 하다가는 향후 이직 자체가 어려워질 수 있다. 초연결성사회에서는 당신의 경력도 평판도 당신을 따라다닌다. 강점으로 만들지 약점으로 둘지는 오롯이 선택의 문제다.

chapter
three

무엇을 준비해야 하는가?

memo.

지금은 이직 시대

우리는 앞서 이직을 떠올린 독자의 마음과 주변 정황을 짚어 보며 현시대 상황상 이직은 피할 수 없는 사회적 흐름이며 왜 첫 이직이 답일 수밖에 없는지 살펴보았다. 이직의 필요성을 인지하였다면 이제 이직을 위해 본격적으로 준비해야 할 때다.

경력의 연속성, 사회의 연결성에 비춰 봤을 때 이직은 신중해야 하지만 한국사회의 특성과 이직의 비밀성을 고려할 때 이직 의사를 드러내기도, 이직에 대해서 허심탄회하게 이야기하기도 힘든 것이 사실이다. 때문에 앞으로 전개될 3~6장은 이직 과정에 대해서 하나하나 짚어보고 A~Z까지의 과정을 상세하게 기술해 스스로 준비할 수 있도록 했다. 막연해 보이는 이직이라는 큰 목표를 하나의 프로젝트로 여기고 단계별 계획(Action Plan)에 따라 수행하다 보면 어느덧 목표한 바를 성취하리라 믿는다.

　이직을 처음으로 결심하고 해당 기업의 홈페이지, 채용사이트, 링크드인 등을 검색하다 보면 각종 채용공고를 볼 수 있다. 직무 내용에서 적합 여부를 판단한 다음 아래 도표와 같은 순서로 지원과정이 이뤄진다.

　나를 포함해 대부분의 구직자들이 이력서→서류전형 즉 광탈의 무간 지옥을 질리게 경험했다. 사실 돌이켜 보면 Ctrl + C,V의 성의 없는 이력서도 있었지만 정말 가고 싶었던 회사의 이력서는 회사 트렌드, 사업방향, 각종 카페의 족보 등을 보고 면밀하게 준비했음에도 탈락의 고배를 마셔야 했을지 모른다.

　이력서는 회사에서 나란 존재를 판단할 수 있는 유일한 제안서다. 길어야 A4 3장이 수백 명의 지원자 중에서 나를 판단할 수 있는 단 한

가지 수단인 것이다. 또한 우리는 현재 주먹구구식 '묻지마 이직', '제발 뽑아줘 이직'이 아닌 주도적, 성장형 이직을 계획하고 있다. 흔히 시작을 반이라 하는데 고민 없는 시작은 애꿎은 기회만 날리기 십상이다. 때문에 바람직한 이직을 위해서는 시작을 위한 '반'이 선행되어야 한다. 아래의 5가지는 이력서를 작성하기 전, 반드시 선행돼야 하는 과정들이다.

이직시기 분석

지금은 머물러야 할 때일까? 이직해야 할 때일까? 현재 회사가 비전이 없다고 바로 그만둬도 될까? 퇴직 후에 직장을 구해도 괜찮지 않을까? 적기의 이직은 본인의 가치를 상승시키지만 잘못된 이직은 경력, 연봉 모두 망가지는 결과를 만든다. 커리어, 연봉, 조직문화에 따른 고민을 짚어 보고 이직의 시기를 가늠해 보자.

타깃(Target) 직무, 회사 설정, 분석

지금이 이직의 적기라면 나에게 맞는 좋은 회사는 어디일까? 이직은 수능시험처럼 혹은 대학졸업과 같이 시기가 정해져서 나를 떠미는 것이 아니다. 업계 상황은 어떤가? 내가 만족을 느낀다는 건 어떤 의미일까? 무엇이 내 경력과 시너지가 되고 향후 얻으려는 커리어에 디딤돌(Stepping Stone)이 될까? 나는 이 회사에서 무엇을 얻을 것인가?

직무일까? 회사일까?

기존 회사와 다른 직무를 원할 때는 어떻게 이직해야 할까? 회사의 규모가 바뀌는 것은 나에게 어떤 의미가 있을까?

채용 루트 찾기

채용사이트만을 들여다보고 있다면 이미 반 박자 늦은 셈이다. 당신이 지원서를 작성하는 순간 이미 누군가는 면접 일정이 잡힐 수도 있다.

········· **헤드헌터 사용 매뉴얼** ·········

어느 날 갑자기 헤드헌터로부터 연락이 왔다. 채용포지션을 설명하고 난데없이 이력서를 달라고 하는데 망설여진다면 헤드헌팅을 통한 채용의 장점과 헤드헌터 사용 매뉴얼을 알아보자.

흔히 처음 가 본 곳에서 내비게이션이 방향을 잡지 못해 난처했던 경험이 있을 것이다. 이처럼 지도에서 목적지를 찾는 첫 번째 단계는 내 위치를 정확히 아는 것이다. 첫 이직을 고민한다면 먼저 내면의 욕망과 현 위치를 고민해 보자.

혹시 대학도 첫 직장도 점수와 상황에 따라 수동적으로 움직였다면 이제 보다 긴 호흡으로 주도적 이직을 준비해 보자. 이는 당신의 커리어뿐 아니라 현 직장생활에도 긍정적 영향을 준다. 잡고 있던 끈에 연연하지 않으면 아무리 인간관계의 갈등과 폭풍 업무가 몰아친다 해도 상황을 객관적으로 볼 수 있는 안목과 여유를 준다.

손자병법으로 친근한 춘추시대, 오나라의 손자는 '지피지기면 백전

불태'라는 말을 남겼다. 승리의 조건은 나를 아는 데에만 있는 것도, 회사와 주변 환경을 아는 것에만도 있지 않다. 면밀히 준비해서 콧대만 높고 도무지 안 움직이는 나란 놈, 아득히 멀리 있는 내 목표에게 한 발짝 걸어가 보자.

이직 타이밍 체크하기

....

매일 되는 야근에 죽을 것 같아요. 가뜩이나 긴장되고, 일과 내내 혼나서 혼자 있고 싶은데 무슨 회식은 그리도 많은지?

– 건설회사, J씨

연봉도, 워라밸도 업계에서 나쁘지 않은 편이에요. 그런데 자기밖에 모르는 K를 보면 화병이 걸릴 지경이에요. 금요일 퇴근 전 일 던지고 나 몰라라 파트장 옆에서 내 욕할 그 인간 생각하면 일요일 오후부터 소화가 안 돼요.

– ○○상사, L씨

지금 직장에 딱히 불만이 있는 건 아닌데, 이왕이면 좋은 조건이 좋잖아요?

- 중소기업 차장, E씨

조직에 비전도 없고 쥐꼬리만 한 연봉에 당장이라도 그만두고 싶어요. 하지만 사람 있는 곳이 거기서 거기지란 생각에 자꾸만 망설이게 돼요. 이번에도 이직하면 3번째인데 끈기도 열정도 없는 철새로 볼까 두려워요.

- ○○법인, K씨

이직은 언제 하나요?

이 책을 집은 독자들은 외적이든 내적이든 이직을 심각하게 고민하는 사람이 대부분일 것이다. 이제 갓 주임, 대리의 짧은 경력으로 이직을 시도하는 것이 맞는지, 연봉으로 보나 비전으로 보나 미래의 내 모습 같은 직장상사를 보나 지금 회사가 아닌 건 확실한데 다른 곳은 과연 괜찮을지, 이직을 하더라도 적정 시기는 언제인지? 사회 경험이 없는 주니어로서는 여간 고민되는 일이 아니다.

학교처럼 졸업이 있는 것도 아니고 정년까지는 생각만 해도 끔찍하다. 아니 과연 정년까지 내가 버틸 수는 있을지, 회사는 그때까지 살아남을 수 있을지 불확실하다. 다들 떠날 때는 반드시 그만둬야 할까? 반대로 다들 붙잡을 때는 남는 게 이상적일까? 과연 이직의 최적의 시기는 언제일까?

최적의 시기(상황, 환경)를 고민하기 전, 먼저 본인이 이직을 떠올린 이유를 생각해 보자. 마음이 있으니깐 책을 보는 것 아니겠냐고? 잠시 책을 덮고 생각해 보자. 내가 이직을 떠올린 이유는 무엇인가? 업무 전문성, 적성, 조직의 비전 등 커리어 측면에서부터 낮은 연봉, 복리후생, 말도 안 되는 업무량 등 처우 문제, 군대식, 질 낮은 조직문화 등 인간관계에서 이곳만 아니면 되리라는 막연한 환상까지 다양할 것이다.

당신의 이직사유는 무엇인가? 이 질문에 대한 대답은 생각보다 중요하다. 실제 헤드헌팅을 하다 보면 후보자들의 경력만큼 주시하는 것이 이직사유다. 명확한 이직사유가 없다면 험난한 이직 여정을 견뎌내기도 힘들뿐더러 아무리 좋은 기회가 와도 동기부여가 되지 않는다.

실제 많은 후보들이 명확한 이유 없는 퇴직, 이직으로 인해 경력이 망가지는 것을 숱하게 봤다. 잡코리아의 '입사 후 1년 이내 퇴사 경험' 설문조사에서 이직 후 만족도를 묻는 질문에 만족한다는 답변은 채 30%가 되지 못했다. 이전보다 못하다는 답변도 16%나 된다.

이들에게 묻고 싶은 질문은 하나다.

'대체 왜 이직하셨어요?'

그렇다면 이런 요인들을 고려했을 때 이직에 적합한 시기는 언제일까? 앞서 말한 1)비전 · 커리어 2)처우 3)조직문화 측면으로 나누어 생각해 보도록 하자.

비전

1. 비전 결여, 커리어 계발

조직의 비전 결여와 본인의 커리어 계발이라는 측면을 고려하기 위해서는 반드시 선행돼야 할 조건이 있다. 조직에 비전이 있는지, 경쟁사 대비 현 회사가 어느 위치에 있는지 볼 수 있는 통찰과 일을 통해 성취하려는 목표에 대한 명확한 정의가 있어야 한다.

2. 떠나도 좋다!

- 현재 업황이 좋고 지금 회사에 업력도 쌓였으며 팔목할 만한 성과가 있다.

기업의 목적은 무엇인가? 수익의 극대화다. 채용의 목적 역시 기업의 목적에 부합해야 한다. 수익 증대를 위해 할 수 있는 것은 두 가지다. 돈을 많이 벌든가, 많이 아끼는 것이다. 본인의 업에 대한 명확한 정의와 비전, 업무상 실적이 있고 이를 볼 수 있는 통찰과 사전 조사(시기, 예산, 전망)가 끝났다면 두드려라. 열릴 것이다.

3. 아직은 조금

- 업황이 좋지 않고 본인의 명확한 비전, 목표가 없다.

회사에서는 경영효율화를 위한 구조조정 카드를 꺼내고 보고를 위한 업무가 많아지는 시기다. 부서의 책임자도, 실무자도 모두 고난의 행군 시기다. 실제 많은 압박과 스트레스로 많은 인원들이 희망퇴직을 택하기도 한다. 하지만 단지 현 회사 상황이 힘들다고 준비 없이 나오게 되면 가뜩이나 좋지 않은 업황에 장기간 구직자가 되기 십상이다. 앞서 말한 바와 같이 기업의 최대 목적은 이익의 극대화다. 인건비 역시 회사 입장에서는 비용이다.

5장에서 자세히 언급하겠지만 구직자에게 이전 직장보다 더 좋은 조건으로 '모서 오는' 경우는 사실 드물다. 대부분 현 회사보다 못한 처우를 받고 이직하는 경우가 많다. 명확한 목표가 없다면 힘들어도 버텨라. 퇴직자에게 사회는 결코 따듯하지 않다.

처우

52시간 근무라고 하지만 매일 별 보고 퇴근하는 것이 일상이다. 이 시간 공부를 했으면 의대도 갔을 거란 확신이 수시로 든다. 이때 때늦은 공부의 한은 잠시 접어 두고 채용 시장에서 본인의 시장 가치를 떠올려라.

1. 떠나도 좋다!

– 업황과 채용시장을 고려할 때 투자자 입장에서 난 저평가된 우량주다.

회사에서 누구도 인정할 만한 굵직한 성과를 보유하고 있으나 연봉에 반영되지 않았다. 거기에다 업황이 좋고 해당 인재들의 희소성이 올라간다면 시장의 논리에 따라 지원자는 연봉협상에서 우위를 점할 수밖에 없다.

2. 남아야 한다

– 시세 차익을 노리는 테마주. 연봉을 더 받으면 좋지만 명분이 없다.

이직에서 중요한 것은 경력이다. 여기서 경력이라 함은 연차를 뜻하지 않는다. 말 그대로 경력이요. 직설적으로 말하자면 실적이다. 해당 팀에 오래 있었지만 이렇다 할 성과가 없다면 현 회사에서의 고과는 물론, 이직하려는 회사도 그렇게 매력적으로 다가오지 않는다.

3. 조직문화

사람은 사회적 동물이며 공동체를 이루고 산다. 오늘날 사회 문제의
대부분이 관계와 욕망의 문제임을 떠올리지 않더라도 조직문화는 한 개
인에게는 연봉, 커리어를 뛰어넘는 가장 중요한 것 중 하나다.

4. 떠나라! 무조건!

－내 신체, 정신이 버틸 수 없다.

직장, 연봉, 경력을 떠나서 무조건 떠나라. 당신은 가장 소중하다.

한 번만 더 생각해 보라. 하드 트레이닝인가? 하드코어인가?

하드 트레이닝의 경우 견뎌 낸 자에게 엄청난 보상이 있다. 하드코
어의 경우 축나는 건 체력과 멘탈뿐이다. 첫 직장이면 문제가 없지만
두 번째 직장이면 신중해야 한다. 특히 총 경력이 3년이 되지 않으면
스펙에 상관없이 취업의 문은 그 어느 때보다 좁게 느껴질 것이다.

내 방향만 명확하고 준비되면 큰 문제없을 것 같지만 당신도 알다
시피 사회는 유기적이며 업계는 좁다. 무엇보다 이직은 단지 자격증처
럼 열심히 노력해서 획득만 하면 되는 것이 아니다. 실제 내가 그 안에
서 유기적 개체로 공동체에서 살아 내야 하는 것이다. 과정은 고되다.

그렇다면 그 열매도 달콤해야 하지 않을까?

우리는 종종 휴가를 위해 1년 전에 항공권을 예약하기도 하고 미술관, 건축물을 즐기기 위해서 교양공부도 마다하지 않는다. 바르셀로나를 가기 위해 가우디를 공부하고 네덜란드를 가기 위해 렘브란트를 공부하는 것처럼 열흘의 휴가를 위해 1년을 기대하며 준비한다. 내가 바라던 좋은 기회를 위해서라면 이보다 더한 준비가 필요하지 않을까?

타깃 회사 ≤ 직군 설정

....

'입사 전 알고 왔던 직무영역과 입사 후 직무가 달랐어요.'

'저는 엔지니어로 역량을 특화시키고 싶은데 현재 업무는 기획에 초점이 맞춰져 있어요.'

입사한 지 몇 달 안 된 후보자가 입사지원서를 보내왔다. 이직이 결코 득이 되지 않을 것이 뻔해서 이직사유를 물었을 때 흔히 돌아오는 대답이다.

짧은 재직 기간이 향후 커리어에 악영향을 줄 수 있음을 언급해도 현재 직장에서의 직무 변경을 1순위로 두고 있다는 점을 분명히 고집한다. 고객사에 추천 전 사전 미팅 때 각 회사별 경력사항과 이직사유, 업무 역량을 파악한다. 후보자의 장점과 고객사와의 적합성을 고려하지만 이전에 '조금만 더 신중하게 이직을 고려했으면…' 하는 아쉬운 마음이 드는 것은 어쩔 수 없다.

직전의 회사에서 이직하고자 했던 이유가 분명했고 결심 또한 확고했는데 왜 앞으로 몸담게 될 회사를 알아볼 때 좀 더 신중하지 못했을까?

물론 맞지 않는 업무, 사람과의 일이 쉽지 않았을 것이다. 때문에 대부분의 구직자들이 매일 밤 울분을 가지고 채용사이트, 공고들을 검색하다가 내 직무와 조금이라도 관련 있는 포지션, 기업이 나오면 '여기만 아니면 돼' 하고 넘기는 식이다.

우리가 알다시피 성급한 결정은 후회를 낳기 마련이다. 이러한 선택이 몇 번 반복되면 후보자는 주도권을 완전히 잃어버리게 된다. 결국 가장 아니다 싶은 회사에서조차 버텨야 하는 비극에 부딪히기 십상이다.

누구도 당신에게 이직을 권하지도 않고 이직의 타이밍을 알려 주지 않는다. 이는 스스로 결정하고 책임을 지는 것을 뜻한다. 휴가를 위해서만 해도 목적지를 비교하고 숙소를 예약하고 인스타그램의 해시태그와 블로그의 평가를 검색할 것이다. 그러니 적어도 3년 이상 몸담게 될 이직을 위해서는 주도적으로 내가 원하는 것을 탐색하고 비교하고 회사를 만나야 한다. 단지 열흘을 위해서, 주말만을 위해서, 쇼핑 득템을 위해서 회사생활을 버티기에는 남은 날이 너무 길지 않은가?

내 만족은 어디서부터 오는가?

나는 자기 계발서를 최소 한 달에 한 권은 꼭 읽는다. 누군가는 뻔한 내용이고 다 아는 내용이라지만 아는 것과 행동은 다르다. 자기 계발서는 행동하기 위해서 보는 책이기 때문이다. 자기 계발서에 빠지지 않는 주제가 바로 목표, 좀 더 크게 말하면 꿈이다. 최근 서점의 트렌드를 보면 소확행, YOLO, 휘게 등 자아에 초점이 맞춰져 있다.

이런 현상은 그저 가볍게 넘길 트렌드만은 아니다. 앞서 말한 자기 계발서는 물론, 노자(老子)나 헤르만 헤세의 『싯다르타』와 같은 고전도 자아와 욕망에 대해 깊이 있는 성찰을 다룬다.

그렇다면 당신의 욕망은 무엇인가? 무엇을 할 때 가슴이 뛰고 평생 할 수 있겠다는 확신이 드는가? 이 질문이 거창하다면 Life Balance를 위해서 포기할 수 있는 Working의 범위는 어디인가? 『타이탄의 도구들』『4시간』의 저자 팀 페리스도 사람들은 대개 불확실성보다는 불행을 택한다고 언급하지 않았던가. 이직을 생각 중이라면 아래 질문에 진지하게 생각해 볼 것을 권한다.

- 내가 가슴이 뛰는 일은 무엇인가?
- 나는 이 일로 먹고 살 수 있는가?

• 나는 이 일로 얼마나 감수할 수 있는가?

외부적 환경이 아닌 내면의 목소리에 귀 기울이자. 팀 페리스는 TED강연 〈목적보다 두려움을 정의해야 하는 이유〉의 말미에서 이렇게 조언 했다.

"Easy Choice, Hard Life(쉬운 선택은 삶을 어렵게 만든다)."

"Hard Choice, Easy Life(어려운 선택은 삶을 쉽게 만든다)."

시대와 업계 트렌드를 읽어라

본인이 원하는 바를 명확히 했다면 이제 주변 정황을 살펴보자. 내가 가려는 회사의 산업은 현시대의 어느 위치에 있는가? 조선공학과 엔지니어가 아니라면 현재 조선업을 1지망으로 지목할 취준생, 경력자는 없을 것이다. 건설 엔지니어라면 현재 플랜트, 아파트가 주력상품인 건설회사는 되도록 기피할 것이다. 파이가 한정돼 있는 상황에서 해당 산업, 상품에 명확한 사명, 비전이 없다면 전망이 그리 밝지 않기 때문이다.

코닥(Kodak, 세계 필름 시장의 ⅔ 석권 기업)은 80년대에 앞선 상품을 내세워 지금의 거대 기업으로 성장했다. 알다시피 지금은 코닥보다는 구닥(Gudak, 필름카메라 어플)이 더 핫한 시대다.

반대로 작지만 강한 기업 또한 많다. 나의 외국계 고객사 중엔 직원이 단 3명인 곳도 있다. 그러나 매출은 수백억 원을 달성한다. 자동차에 들어가는 작은 부품이지만 독점적 위치를 확보했기 때문에 가능한 일이다.

회사의 살아 있는 정보를 얻어라

업계의 트렌드와 본인 직무의 위치를 확인하는 최선의 방법은 회사의 매출 구조를 파악하는 것이다. 업계의 인지도가 높아도 매출의 대부분이 그룹사에서만 발생한다면 그룹사에 종속된 경우다. 상세한 자료 검색을 위해서 회사 홈페이지 및 금융감독원 전자공시시스템(dart.fss.or.kr)을 확인해 보자.

건설회사의 경우 매년 건설워커에서 시공능력평가순위를 발표한다. 과년도 자료도 업로드되어 있으므로 회사가 3년 동안 어떻게 발전

했는지, 상품군을 어떻게 다변화하고 있는지 확인하도록 한다. 기관·개인의 모든 실적(Track Record)의 경우 알다시피 과거의 성과에 기반을 둔다면 현재 회사의 비전은 성장하는 방향을 나타낸다.

가훈처럼 아무도 보지 않을 것 같지만 회사 평균 연봉을 훨씬 웃도는 최고의 브레인들이 CEO, 오너의 의지에 따라 몇 달을 밤새며 만든 자료다. 이를 바탕으로 경영회의를 하고 각 임원과 팀에 MBO(목표관리)를 부과하며 매달 KPI(핵심 성과지표의 목표달성도)를 들먹이며 면밀하게 체크한다. 즉 그냥 좋은 말로 읽어 넘길 수 없는 내용이다.

회사의 조직문화, 분위기, 사업 방향은 인터넷과 평점사이트로 판단할 수 있는 게 아니다. 만나라! 기회는 항상 만남에서 발생한다. 임원 직군의 경우 정식 프로세스를 밟기 전 캐주얼 인터뷰를 진행하는 경우가 종종 있다. 이때 후보들의 마음을 움직이는 것은 연봉 1~2천만 원이 아니다. 노련한 경력직들은 상대적으로 많은 연봉이 시기와 질투, 성과 압박의 대상이 됨을 너무나 잘 알고 있다. 그들이 중점적으로 보는 것은 바로 Fit(의지·목적·시기 등에 맞거나 적합성 여부)이다. 나와 채용될 회사와의 Fit, 직속 상사 그리고 부하와의 Fit, 내 경력과 회사, 사람과의 시너지가 바로 그것이다.

무엇을 아느냐가 중요한 것이 아니라 누구를 아느냐가 중요한 세상이다. 이는 역시 채용과 기회에서도 절대적인 영향력을 발휘한다.

연봉인가? 적성인가?

....

'어차피 회사 하는 일이 다 똑같잖아요. 어떤 일을 하든 연봉만 오르면 상관없어요.'

– 대기업 입사를 원하는 K과장

'해당 상품의 영업 경험은 없지만 타 인더스트리에서 괄목할 만한 성과를 낸 만큼 문제없습니다.

– 플랜트영업에서 자동차영업을 지원한 L차장

내가 초등학교에 다닐 땐 마이클 조던과 샤킬 오닐의 티셔츠, 운동화가 유행이었다. 이들 브랜드 옷을 입고 가면 고학년 형들이 옷 라벨을 뒤집어 보며 '이 녀석, 진퉁이네' 하고 부러워하고 짝퉁이면 면박을 주곤 했다. 어찌 보면 참 못났고 찌질하지만 당시 3만 원이나 하는 티셔츠를 살 형편이 안 된 나는 어쩌다 시장이나 백화점에서 창고 대방출 행사를 하면 부모님에게 한 치수가 크거나 작은 신발, 옷도 전혀 문제 없다며 사 달라고 졸랐던 기억이 있다.

알다시피 옷의 생명은 Fit인데 무릎까지 오는 반팔 티를 입고서도 멋있다며 어디 갈 때마다 꺼내 입은 기억이 있다.

이직도 이와 같지 않을까? 사실 이직을 떠올렸다는 것은 지금의 회사가 맞지 않다는 반증이다. 좀 더 멋진 옷을 입고 싶어 할 수도 있고 지금 옷이 누더기가 되었거나 알러지 때문에 꼭 바꿔야 하는 경우도 있다. 거듭 강조했듯 이직은 회사생활에 몇 되지 않는 주도적 행동이다. 그렇다면 이번에는 꼭 맞는 옷을 입어야 한다.

본인에게 맞는 옷이 높은 연봉에 네임밸류, 안정적이라면 더할 나위 없이 좋다. 하지만 자칫 이것만 보고 고민 없이 결정했다가는 잘못 산 티셔츠처럼 애꿎은 명함, 회사가 되기 십상이다. 다시 맞지 않은 옷을 입은 것이다.

이전 회사 직무와 다른 일을 꿈꾼다면?

이와 반대로 직장생활을 하며 새로운 자아(Wants)를 찾아 이전 직군, 전공과 전혀 다른 새로운 도전을 하는 경우도 있다. 사실 이때는 앞서 말한 회사의 네임밸류, 연봉은 고민거리가 아니다. 새로운 도전 앞에 어느 정도 리스크는 이미 예견된 것이며 지원자도 인지하고 있다. 그 정도 고난이야 훈장으로 생각하고 단단히 각오한 경우가 대부분이다.

하지만 경력직으로 새로운 직무에 도전하는 경우에는 조금 다른 문제다. 후에 4장에서 언급하겠지만 경력직의 채용 0순위는 해당 직무 경력, 즉 투입 후에 바로 성과를 낼 수 있는 인재를 원하기 때문이다. 신입사원 채용은 개개인의 잠재성을 평가에 반영한다면 경력직의 채용은 철저히 실력과 실적에 매일 수밖에 없다. 뽑는 기준이 지금 회사에서 진행한 경력과 업무가 되는 것이다. 이런 경우 이직 방법은 다음과 같다.

교집합을 찾아라

조직, 회사, 산업군 역시 유기적인 부분에 주목하자. 본인의 현재 위치와 가고자 하는 직무의 연관성을 찾아보자. 통상 대기업에서는 순환보직 및 사내공모 제도(Job Posting) 활용을 위해 커리어 로드맵 (Career Roadmap)을 구성하는 경우가 많다. 생산직, R&D(연구개발) 일부 직군을 제외하고 10년이 지나면 관리자가 된다. 한 분야의 스페셜리스트로서 실무적 업무를 담당했다면 이제 제너럴리스트로서 해당 산업, 본인 업무 분야의 전반적인 상황을 아우를 줄 아는 역량이 필요하다.

이때 지원하는 포지션이 갖춰야 할 역량과 자신의 경력 어느 부분이 부합하는지 아는 것이 중요하다. 교집합은 해당 직군의 10년 후의 전망에 지금 내 위치가 속해 있는지 찾는 것이다. 다시 말해 현재 내 부서, 내 업무가 회사에서 어떤 위치에 있고 어떤 유기적 관계를 맺고 있는지 파악하는 것이다.

해당 산업군이 다르다면 공통된 직무(회계, 전략 등 관리직군)에 기회가 있을 수 있다. 세부적인 부분은 다를 수 있지만 큰 틀에서 보면 회사 업무는 유사한 양상을 보인다. 직무가 다르다면 지금 내 업무와 어떤 협력관계에 있는지 살펴보라.

본인의 직군이 기술 영업이라면 마케팅, 법무, 구매, 경영지원, 견적, 법무, 사업관리, 회계, RM 등 다양한 부서와 협력관계에 있다. 본인의 현재 경험이 해당 업무를 수행하는 데 도움이 되는 것을 어필하라.

극단적인 선택은 피해라

기존 회사의 경력이나 대학 전공과 아예 다른 길을 가는 경우 장기전이 될 공산이 크다. 취준생 이상의 자기 계발이 선행되어야 함은 물론 해당 인맥과의 네트워크가 필수다. 이때 강조하고 싶은 건 과감한 도전 가운데 절대 극단적인 선택은 말라는 것이다.

전쟁에서 승패를 가르는 요인 중 가장 중요한 것이 병참이다. 각각 전투에서야 장수의 용맹, 환경에 따라 승패를 얻을 수 있을지 몰라도 전쟁에서는 병참에 실패하면 반드시 패하게 된다. 직장인에게는 이것이 바로 재정적, 심리적 안정성이다. 즉 월급과 재직 회사다.

다이앤 멀케이는 그의 저서 『긱 이코노미』에서 출구전략의 중요성을 강조했다. 끝을 염두에 두고 일하는 것을 의미한다. 배수진을 치는 것이 더 좋다고 생각할 수 있으나 자칫 무모하고 위험한 선택이 될 확률이 높다. 아울러 재직 중인 후보자와 구직 중인 후보자를 대하는 회사의 태도는 면접, 연봉협상 때도 사뭇 다르다.

다시 한 번 강조해도 회사의 목적은 매출의 극대화다. 채용의 필요성은 고객사로부터 발생했지만 거래에서 더 목마른 쪽은 분명 구직자다. 이와 반대로 재직자의 경우는 모셔 올 수밖에 없다. 재직자와 구직자를 바라보고 대하는 가족 그리고 사회의 태도는 어쩌면 회사보다 더 싸늘하다.

·········· 조직, 산업을 바꿀 땐 신중해라 ··········

'스타트업 재무팀장 포지션, 경력 4년 차 이상, 연봉 상향 협의'

말이 통하지 않는 조직원들과의 갈등, 거시적 업무에서 하나의 부속품이 되어 내가 뭘 하고 있는 건가? 싶은 자괴감이 들 때쯤 역동적인 도전은 분명 매력적으로 보인다. 거기에 수평적인 분위기, 연봉상으로도 이득이라니 혹하기 쉬운 제안이다.

나 역시 대기업에서 해외영업을 하다 프리랜서의 길에 입문했다. 성향적으로 잘 맞고 후회는 1도 없다. 하지만 주변 후배들이나 혹여 물어보는 후보자에게 진심으로 조언한다.

'님아, 그 강을 함부로 건너지 마오.'

인더스트리, 기업 규모를 바꾸는 것은 신중해야 한다. 분명 당신이 본 장점들이 있고 일반 회사에서는 없는 기회가 있다. 문제는 해당 경력이 쌓일 때 회사가 당신을 어떻게 인식하냐는 것이다. 같은 인사, 회계, 영업 직군이라도 대기업, 중견기업, 스타트업에서 요구하는 후보자의 역량과 디테일은 모두 다르다. 작은 규모일수록 멀티 플레이어를 원하고 큰 조직일수록 세부업무의 스페셜리스트를 원한다. 스톡옵션 등 귀가 솔깃한 제안들이 있지만 아직 장밋빛 약속일 뿐이다.

명심하자. 내 손에 잡히지 않은 것은 아직 돈이 아니다. 분명한 것은 기업문화든, 높은 연봉이든, 매출이 없으면 지옥이다.

앉아서 기회를 부르는 3가지 방법

채용 프로세스는 어떻게 되는가?

기업의 채용 프로세스는 어떻게 구성되어 있을까? 회사는 사람으로 이뤄져 있고 신상품을 개발하는 것도, 수주를 하고 수출을 하는 것도 결국 사람이다. 이건희 회장은 1명의 천재가 10만 명을 먹여 살린다는 과장된 표현을 쓰면서까지 인재의 중요성을 강조했다.

회사는 성장해야 한다. 이를 위한 경영전략, Strategy Goal(수립된 계획의 성취)에 따라 중장기적 혜안을 가지고 현업 부서의 니즈에 따라 인재를 채용하게 된다. 현업의 인재가 누구인가? 바로 우리 팀의 차장님, 부장님이며 이들이 필요로 하는 인재는 빠릿빠릿하고 진취적인 대리, 과장급 인재인 것이다. 기업 방향에 따른 중장기적 핵심인재는 인사팀에서 채용을 담당하지만 통상 현업 부서를 통한 인재 채용은 단기적이고 급박한 경우가 대부분이다. 이때 현업 부서에서 주간회의 말미에 논의되는 안건은 '어디 주변에 좋은 사람 있으면 좀 추천해 봐'다.

실제 구조조정 등으로 채용이 홀딩된 상황에서도 내부추천을 통한 채용은 간간이 진행되는 경우가 있다.

핵심인재는 내부추천에 움직인다

앞서 본 것처럼 현업 부서를 통한 채용의 경우는 내부사정으로 긴급한 경우가 대부분이다. 조지타운대 실전경영학 교수인 닉 러브그로브에 따르면 실제 전문 직종의 70%는 네트워크를 통해 채용한다고 한다. 이처럼 시간적, 경제적 효율성 측면에서 먼저 구성원 내부추천을 통해 인력을 채용하게 되며 이후 경력직 공채, 헤드헌팅을 통한 채용 수순을 거치게 된다.

그렇다면 내부추천을 위해서 평소 가고 싶던 회사의 인맥에게 어떻게 어필하는 것이 좋을까? 일면식도 없는데 갑작스러운 부탁이 부담스러운 부분도 많을 것이다. 이때 회사 동기, 선후배, 친구들을 통해 관심을 갖게 된 회사, 직종에 도움을 줄 수 있는 분을 소개받도록 한다.

다이앤 멀케이는 그의 저서 『긱 이코노미』에서 약한 유대의 장점에 대해서 언급한다. 그 요지는 실제로 강한 기회의 80%는 약한 유대관계에서 발생한다는 것이다. 실제 본인과 깊은 유대관계를 가진 사람은 새로운 관점, 아이디어, 기회를 제공하기 어렵다는 것이다. 이들은 나와의 경험, 인맥 등 대부분의 환경이 유사하기 때문이다.

소개받을 때는 자신감을 가지되, 과도한 열정으로 부담이 되지 않도록 한다. 단지 정중하게 비즈니스적으로는 물어볼 수 있는 관계 정도면 족하다. 이때 본인이 어필할 수 있는 부분, 관심사, 회사에 기여할 수 있는 부분에 대해 명확한 답을 가져가야 한다. 싱거운 만남을 넘어 보다 진솔한 만남, 기회로까지 연결시키는 것은 오롯이 당신의 능력이다. 성사되긴 어렵지만 성사된다면 가장 핫한 기회를 거의 독점적으로 활용할 수 있다. 합격률이 높은 것은 말할 필요도 없다.

많은 구직자들이 이직을 떠올리면 가장 먼저 시도하고 떠올리는 방법이다. 앞서 언급한 내부추천의 기회와 달리 몇 번의 클릭만으로 접근이 가능한 손쉬운 길이기 때문이다. 쉽게 얻은 기회인 만큼 앞서 그 기회의 입문 과정은 그리 녹록지 않다.

내부추천이 전용차로라면 공채는 꽉 막힌 정체 도로를 차선 변경 없이 정석대로 밟는 것과 같다. 수천 명이 공고를 보고 수백 명이 지원을 한다. 본인이 딱 맞는 경력일지라도 이력서에 승부를 걸어야 하는 이유다. 당신의 이력서 역시 인사팀에서 밤새 검토해야 할 수백 명 중에 한 명이기 때문이다.

장기적 관점에서 채용사이트에 최신 이력서를 업로드하는 방법도 있다. 이 경우 해당 사이트를 이용하는 채용담당자, 헤드헌터로부터 생각하지 못했던 적합한 직무를 제안받는 경우도 있다. 하지만 이력서가 공개적으로 노출된 만큼 재직 회사 인사팀 필터링에 걸리거나 맞지 않는 스팸 전화 등 불필요한 정보, 위험에 노출될 가능성도 크다. 제안받는 직책 역시 후보자의 요구사항, 기대치보다 낮은 경우가 대부분이다.

헤드헌터의 필수 SNS, 링크드인

내가 처음 페이스북에 가입했을 때 '알 수도 있는 사람'은 그야말로 쇼킹이었다. 최근에는 인스타그램에 밀리는 양상이지만 그래도 지인들의 근황을 접하는 데는 이만한 것이 없다. 또한 비즈니스인들이 꼭 활용했으면 하는 SNS가 바로 링크드인이다. 링크드인은 페이스북 같은 일반적인 SNS와는 달리 특정업계 사람들이 서로 구인·구직, 동종업계 사람의 정보를 파악할 수 있는 SNS서비스다. 링크드인을 가입만 하고 방치한 사람이 대부분일 것이고 가입도 하지 않은 독자도 많을 것이다.

하지만 현재 링크드인은 약 5억 명의 인구가 사용하고 있는 명실상부한 최고의 비즈니스 어플이다. 본인의 특별한 비즈니스 통찰을 제외하고는 페이스북, 인스타처럼 매번 공유하고 싶은 근황을 올리거나 상태를 업데이트할 필요는 없다. 실제 대부분의 프로필 사진도 정장에 정면을 응시한 다소 격식 있는 사진이다. 다만 본인의 학력, 이력, 논문, 보유능력(Skill-set)정도만 업로드할 뿐이다. 온라인 이력서라 봐도 무방하다.

이력서가 많은 곳에 몰려드는 것은 역시나 기업 채용담당자와 헤드헌터다. 실제 링크드인 채용공고를 보면 일반 채용사이트에서 보기 힘든 구글, 아마존과 같은 글로벌 대기업과 억대연봉을 자랑하는 컨설팅 포지션도 쉽게 찾아볼 수 있다. 일반 구직자가 링크드인을 통해 얻을 수 있는 정보는 아래와 같다.

- 희망 기업, 직무 실제 종사자의 경력사항 확인 및 연락(1촌 맺기 후 가능)—취업을 희망하는 기업의 해당 직무 담당자 스펙이 어느 정도인지 확인이 가능하며 인메일(Inmail)로 연락이 가능하다. 정중하게 메일을 발송하면 대부분 정중하게 회신을 준다.
- 전·현직 회사 출신들의 추이 및 연락—본인과 비슷한 학력, 경력의 인력들이 어떤 업종에 종사하는지 가늠할 수 있다. 인더스트리, 직무 변경, MBA 후의 경력 방향을 고민할 때 유용하다.

더 많은 사람을 만나라

영업에서 불문율로 여겨지는 것 중 하나가 깔때기의 법칙이다. 잠재 고객이 누군지 모르지만 사람을 만나는 가운데 기회가 생기고 이것이 매출 증대로 이어진다는 이론이다. 앨런 피즈는 『질문이 답이다』라는 책에서 성공을 위한 황금의 법칙으로 아래 5가지를 제시했다.

❶ 더 많은 사람을 만나라

❷ 더 많은 사람을 만나라

❸ 더 많은 사람을 만나라

❹ 평균의 법칙을 따르라

❺ 평균율을 향상시켜라

　비단 영업에만 적용되는 게 아니다. 만남은 호감을 일으키고 호감
은 기회를 만들며 일을 수월하게 한다.

　로버트 치알드니의 명저인 『설득의 심리학』이나 자기 계발의 고전
인 데일 카네기의 『인간관계론』을 비롯한 많은 책에서 '상호성의 원칙',
'호감의 원칙'에 대해서 강조하는 것과 같은 맥락이다. 온라인이든 오
프라인이든 정중히 접근하고 호감을 쌓아라. 많이 만나고 커피 한 잔
의 작은 것이라도 베풀자. 사람은 받은 대로 갚아야 한다. 그렇게 설계
되어 있다. 그렇게 쌓은 작은 신뢰, 호감이 기회를 불러올 것이다.

승부를 가르는 시간, 단 10초

....

"안녕하세요. ○○○입니다."

"안녕하세요. 헤드헌팅 회사인 으뜸 파트너스의 ○○○입니다. 채용사이트에서 이력서를 보고 이직을 제안하고자 연락드렸습니다. 이직 계획이 있으신지요?

"네, 조금 고려 중입니다만, 혹시 회사명이랑 JD이(Job Description, 직무내용)를 알 수 있을까요?"

"죄송하지만 회사명은 바로 공개하긴 어렵습니다. 이메일 주소로 관련 JD는 발송하겠습니다. 지원의사가 있으시면 상세내용은 뵙고 설명드리도록 하겠습니다."

헤드헌팅이란 고객사의 요청에 따라 직무에 적합한 인재를 추천해 주는 일련의 행위를 말한다. 정식 명칭은 1929년대 미국 대공황 때 각 기업마다 조직 슬림화를 단행함과 동시에 효율적인 경영이 가능하도록 우수한 경력사원을 영입하던 데서 그 유래를 찾을 수 있다.

우리나라에서는 1980년대 유니코써어치에서 최초로 헤드헌팅 서비스를 시작했으며 정확한 통계는 없지만 대략 1천여 개 업체, 2만 명의 헤드헌터가 활동하고 있다. 적합한 인력을 추천했을 때 연봉의 약 20% 정도의 수수료를 받으며 CEO부터 대리까지 일반 사무직원부터 전문직까지 직종, 직책을 넘나들며 각 인더스트리에서 폭넓게 활용되고 있다.

기업에서 상대적으로 비싼 수수료를 지불하면서도 헤드헌팅 서비스를 활용하는 이유는 인재의 중요성에 대한 반증이다.

헤드헌팅을 통한 이직 장점 3가지

기업에서는 우수인재 확보 및 효율성 측면에서 폭넓게 헤드헌팅 서비스를 활용한다. 그렇다면 구직자, 이직을 준비하는 입장에서 헤드헌터를 통한 이직의 장점은 무엇일까?

1. 공채 대비 넓은 기회의 Pool

통상 기업체에서 활용하는 채용방법은 ❶ 내부추천 ❷ 경력직 공채 ❸ 헤드헌팅으로 크게 3가지다. 보통 ❶→❷→❸ 또는 ❶→❷, ❸의 순서로 진행한다. 보통 회사 내부에 결원 발생, 신기술 개발 등의 이슈로 이루어진다.

한편 회사의 방향성이 First Mover(선구적), Fast Follower(새로운 제품이나 기술을 빠르게 쫓는 것)에 가깝거나 경쟁사 몰래 비밀 프로젝트(Confidential Project)를 준비하는 경우, 다소 비용이 들더라도 채용과정의 효율성을 위해 헤드헌팅을 이용하기도 한다. 헤드헌터를 통해서는 이렇게 오픈되지 않은 채용 기회를 제공받을 수 있다.

2. 경쟁자 대비 높은 가독성

공채 시점에 인사담당자는 몇 개의 이력서를 받게 될까? 정확한 통계는 없지만 고객사 인사담당자에 따르면 하나의 포지션당 많으면 400개의 이력서를 받는다고 한다. 뽑으려는 인재는 대리급인데 신입사원부터 정년이 한참 지난 어르신까지 수백 통의 이력서를 보낸다.

이력서당 1분만 봐도 대략 7시간을 보낼 수 있는 어마어마한 양이다. 나는 공채와 헤드헌팅의 차이를 외장하드와 요약보고서로 비교를 한다. 어떤 것에 먼저 눈이 갈지, 중점을 둘지는 자명한 일이다.

3. 전문가의 조언

이직은 자격증처럼 많은 노력과 스킬을 요하지만 단지 취득, 성공이란 의미만으로 표현되기 힘든 유기적 결과물이다. 이력서 작성부터, 면접, 연봉협상, 기업의 비전과 조직문화, 본인과의 궁합까지 단지 2~3년뿐만 아니라 그 이후 경력에도 영향을 미치는 중대한 일이다. 이직의 경험이 없다면 대학이나 전공 선택의 고민과 결과를 떠올리면 이해가 될 것이다.

또한 이직의 특성상 드러내 놓고 조언을 구하기도 어렵고 정보도 단편적인 경우가 많다. 때문에 능력 있는 헤드헌터는 회사 분석을 시작으로 면접, 연봉협상까지 든든한 우군이 되어 준다.

헤드헌팅 사용 매뉴얼

헤드헌팅을 검색하면 부정적인 기사와 피해사례도 보게 된다. 앞서 말한 헤드헌팅의 장점에도 불구하고 피해사례가 발생하는 이유는 무엇일까? 이제 효율적인 헤드헌터 사용 매뉴얼을 알아보자.

1. 검증된 헤드헌터를 만나라

앞서 현재 헤드헌터는 대략 2만 명, 업계는 1천여 개 남짓이라고 언급했다. 정확한 통계가 없는 것은 협회나 공인기관이 없기 때문이기도 하지만 90%이상이 프리랜서 기반이기 때문이다. 프리랜서라는 직업은 직장생활과는 비교할 수 없을 만큼 경쟁과 생존이 치열하다.

다만 상대적으로 헤드헌터의 진입장벽은 낮은 것이 현실이다. 시장 포화와 난립 현상으로 황금빛 꿈을 안고 왔다가 고개를 저으며 돌아가는 인력이 대부분으로 전환율은 굉장히 심한 편이다.

진입장벽이 낮다는 말은 그만큼 전문성이 떨어진다는 것이고 턴오버율이 높다는 것은 채용과정 중 변수가 높을 수 있음을 의미한다. 때문에 업계에 전문성을 가진 진정성 있는 헤드헌터를 만나야 한다.

명망 있는 헤드헌터는 고객사의 정보는 물론 장기적인 커리어 측면에서도 후보자에게 플러스가 되는 제안을 한다. 반대로 잘못된 만남에서 시작된 이직은 채용이 되기도 어려울 뿐혹여 채용이 돼도 또 다른 고생길의 시작이 된다.

2. 다수의 헤드헌터에게 의뢰하라

각 헤드헌터 회사 및 헤드헌터마다 담당하는 인더스트리와 고객사가 모두 다르다. 통상 신망 있는 대기업, 외국계의 경우 업계 평판 및 효율성을 위해 3~5명 정도의 검증된 헤드헌터에게만 오더를 공유한다. 3~5명의 해당 분야 전문 헤드헌터에게 본인의 경력과 성과, 장점을 어필하라. 보다 많은 기회와 정보에 노출될 것이다. 아울러 이들 중 1~2명과 돈독한 관계를 유지한다면 경력 관리 측면에서 남다른 고지를 점령할 수 있다.

3. 반드시 만나라

이번 챕터에서 강조했던 항목이 '능력'과 '진정성'이다. 능력과 진정성을 확인할 수 있는 방법은 직접 만나는 것이다. 내가 헤드헌터로 후보자 면접을 제안하면 상당히 고마워하는 후보자도 있는 반면, 다소 번거로워하는 후보자도 많다. 헤드헌터는 1차 인터뷰어로 후보자를 만난다. 그리고 면담을 바탕으로 고객사의 요구 사항을 검토하고 지원 자격이 있다고 판단되면 후보자의 장점이 잘 드러나도록 추천서를 작성한다.

면담을 기피하고 서류만으로 추천하는 헤드헌터나 '아니면 말고' 식으로 찔러만 보는 후보자도 입장은 다르지만 같은 면에서 직무유기라 볼 수 있다.

이직은 단순히 명함을 바꾼다는 의미가 아니다. 기존 직장이라는 익숙함과의 결별 그리고 새로운 곳에서의 도전을 의미하며 일과의 80%이상을 보내는 곳의 환경 변화를 의미한다. 물론 이 안에서 치열하게 살아 나갈 존재는 나다. 이직에 신중해야 할 이유다.

chapter four

끝까지 읽히는
경력직 이력서 작성법

memo.

나를 표현하는 단 세 장의 보고서

3장까지 치열한 고민과 자아성찰의 과정 끝에 이직이라는 결론에 도달했다면 이제는 치밀하게 준비할 차례다. '나무 베는 데 한 시간이 주어진다면 도끼를 가는 데 45분을 쓰겠다'라는 링컨의 명언과 같이 원하는 기회를 놓치지 않으려면 앞으로 펼쳐질 한 번 한 번의 프로세스를 빠짐없이 준비해야 한다. 그중 표면적으로 드러나는 첫 번째 절차가 바로 이력서 작성이다.

이력서 작성이라면 이골이 난 독자 또한 많을 것이다. 취준생 시절 수많은 관련 서적의 탐독부터 수백 곳의 회사에 맞춘 서류 작성까지, 그것만 묶어도 웬만한 책 한 권은 족히 될 듯하다. 이런 경험을 갖고 있다면 냉정하게 그만큼 노련하기까지 했었는지 자문해 보자. 어쩌면 천

천히 다시 읽어 본 뒤 그렇지 못했다는 걸 스스로 인지할 것이다.

만약 인지하기 어렵다면 기존 서류 통과율을 계산해 보는 것도 좋은 방법이다.

원하는 바, 방향성이 명확하다면 아무리 많은 공고가 있어도 집중해야 할 곳은 5곳을 넘기지 않을 것이다. 한 번의 기회마다 신중히 그리고 절실히 접근해야 하는 이유다.

첫인상의 공식, 광탈의 시간을 피해라

오랜만에 소개팅, 설레는 마음을 갖고 카페에 들어왔다. 누군가를 기다리는 훈남들 몇몇이 눈에 띄고 이 중에 한 명이기를 바라는 간절한 마음을 갖고 전달받은 핸드폰 번호를 누른다. 170도 안 되는 키에, 뭐가 좋은지 혼자 웃고 있는 짜리몽땅이! 오늘은 망했다! (혹여 내상 입는 독자가 없길 바란다. 저 남자는 바로 나다.)

소개팅에서 첫인상을 판단하는 시간을 5초라고 한다. 그 첫인상에 따라 누군가에게는 처음부터 적극적으로 어필하고 누구에게는 첫 대화부터 찬바람 불도록 싸늘하게 대한다. 말 한마디 섞어 보지 않고 외모만으로 판단하는 게 냉혹하게 느껴질 수 있지만 너무나 많은 시행착오 속에 경험적으로 어느 정도 자기 스타일을 인지하고 있다.

그렇다면 이력서 하나당 인사담당자의 눈길이 머무는 시간은 얼마나 될까? 여러 의견이 있지만 통상적으로 10분으로 본다. 단, 10분이다. 내가 주말을 꼬박 바친 이력서가 단 10분 만에 검토되는 것이다. 하지만 정확히 표현하면 후보자의 이력서가 학력, 경력, 자격증란을 통과했을 때 얘기다. 즉, 읽을 만한 가치가 있을 때 주어지는 평균시간이다.

나의 경우 하루에 적게는 20통, 많게는 100통이 넘는 이력서를 본다. 경험상, 5분 이상 눈길을 붙잡고 있는 이력서는 경력과 요구사항 등 채용조건에 부합하는 이력서일 때만이다. 90%의 이력서는 10분은 커녕, 10초의 눈길도 잡지 못하고 다음 이력서로 넘어가게 된다.

며칠 밤을 땀방울을 흘린 지원자 입장에서는 잔인하게 느껴질 수도 있지만 비용과 효율성이 생명인 기업의 입장에서는 당연한 것이다. 실제로 나와 가깝게 지내는 대기업 인사담당자의 말을 빌리면 포지션 하나에 많게는 400명의 지원자가 몰려 난처할 때가 많다고 한다. 당신이 경영자라면 밀려드는 업무 속에서 수백 명의 이력서를 정독하는 착하고 답답하기 그지없는 인사담당자를 가만두겠는가?

그렇다면 10초의 승부. 광탈의 시간을 피할 기억에 남는 이력서는 무엇일까?

고객 중심의 이력서를 위한 3가지 Tip

이력서를 작성하기 전 독자의 입장에서 생각해 보자. 이력서는 당신의 이야기지만 철저히 독자(지원회사) 입장에서 써야 한다. 회사의 입장에서 경력직을 채용하는 이유는 무엇일까? 신입사원처럼 간 쓸개 다 빼 주고 마치 이 회사에 취업하기 위해 태어났다는 식의 서로 오글거리는 글짓기를 하라는 것은 아니다.

큰 그림을 가지고 회사가 인재를 뽑는 경위에 대해 접근해라. 신사업 확장을 위해서인가? 신규 수주나 생산 라인의 증대인가? 기존 내부 직원의 불화로 인한 교체인가? 많고 많은 회사 중에 왜 이 회사인가? 그렇다면 나는 이 회사에서 어떤 것을 기대하고 어떻게 기여할 수 있는가?

회사의 채용 경위 및 현재 비전, 중장기 성장전략, 나와의 시너지 등에 대해 어느 정도 파악을 하는 것이 중요하다. 이는 단순히 입사뿐 아니라 향후 장기적 커리어 패스 측면에서도 필수 사항이다. 그 필요와 당신의 욕망 사이에 답이 있기 때문이다.

또한 경력직이라 함은 지금 당장 성과를 낼 수 있는 인력을 의미한다. 인재상에 적합한 신입사원을 뽑아서 교육시키는 것이 가장 이상적이지만 경험했듯이 기업 환경은 그리 한가하지 않다. 때문에 조직에서는 당장 투입해도 성과를 낼 수 있고 기존 조직과도 잘 융화될 수 있는 인력을 선호한다. 엄밀히 말하면 채용도 역시 세일즈다.

내 노동력, 내 가치를 시장에 고용계약의 형태로 파는 것이다. 따라서 내 제안서(이력서)는 철저히 고객(채용사)의 니즈에 맞게 작성해야 한다. 아래는 고객사의 입장에서 볼 때 눈살을 찌푸리게 하는 사항들이다.

1. 성의 없는 보편적 이력서

경력이 5년이 넘었음에도 신입사원 시절 자소서를 그대로 옮겨 온 경우(과대, 동아리 학술부장, 봉사활동 등)는 기본이고 뭉뚱그린 입사 후 포부, 경력사항으로 어느 회사에 내도 무방한 이력서의 경우, 설령 스펙이 좋다고 해도 고객사에서는 '이 후보자는 여러 곳에 이력서를 넣고 있겠구나'라고 생각하기 쉽다.

2. 명확한 이직·퇴직의 사유가 없는 경우, 근거 없이 허황된 연봉

잦은 이직이나 공백이 있다면 이에 대해 명기해 주는 것이 불필요한 질문을 막는 방법이다. 근거 없이 높은 연봉은 믿고 거르는 수단이 된다.

K후보자는 이직 없이 유수의 대기업에서 착실히 경력을 쌓아 왔다. 적합한 오퍼가 있어서 제안했으나 본인은 이직 생각은 있지만 연

봉이 8천 이상이 아니면 생각이 없다고 거듭 강조했다. 후보자가 제시한 수준은 업계 탑기업의 차장 수준으로 후보자의 현재 연봉보다 2천만 원 이상 높은 수준이었다. 후보자의 직군이 희소성을 가진 것도 아니었다. 후보자에게 현실에 대해서 말해 주려 했으나 굳이 필요성을 느끼지 못했다. 설령 경력이 맞았다고 해도 인사담당자도 굳이 헛된 수고로움을 감내하지 않을 것이다.

3. 경력직이라 믿을 수 없는 핵심 없고 내용 많은 이력서

이력서를 보면 특히 엔지니어의 경우 핵심 없이 본인의 이력을 서술형으로 나열한 경우들이 많다. 몇 줄에 걸쳐서 장황하게 적었지만 절반으로 함축할 수 있는 내용들은 지루함을 넘어 후보자의 자질을 의심하게 한다.

기업의 근무에서 보고 능력은 필수다. 상사에게 인정받는 인력들은 업무상 퍼포먼스는 물론 이를 체계적으로 서면와 대면를 통해 상사에게 보고하고 부서 간 공유하며 고객을 설득하는 사람들이다.

실제 MBA과정의 젊은 직장인 1만 명 대상으로 어휘력을 테스트한 후 5년 뒤를 추적했을 때 어휘 성적의 상위 10%는 전원 간부가 되었고 하위 25%는 0명이었다.

스테판 레터 포틀랜드 주립대 교수는 글쓰기 능력이 최고인 사람과 최저인 사람의 평생 소득이 3배 차이라 주장했다. 또한 미국 경제지

〈포브스〉는 성공을 가로막는 첫 번째 습관으로 맞춤법 실수를 꼽았다. 이는 교육을 받지 못했거나 사소한 데 신경을 쓰지 않는 부주의한 느낌을 준다는 것이다.

공자는 〈논어〉에서 '아는 것을 안다고 하고 모르는 것을 모른다고 하는 것, 이것이 아는 것이다'라고 하였다. 흔히 요새 말하는 메타인지인 것이다.

미국의 사회학자 벤자민 바버는 '나는 세상을 강자와 약자, 성공과 실패로 나누지 않는다. 나는 세상을 배우는 자와 배우지 않는 자로 나눈다'고 말했다. 이전의 성공과 실패는 잠시 두고 이번 챕터를 통해 나를 알고 회사를 알고 배워 보자.

지문에 답이 있다
직무에 답이 있다

기다리고 기다리던 회사의 포지션이 드디어 떴다! 친구와의 약속도 잠시 미루고 이번 주말은 이력서 작성에 올인하리라! 사진도 새로 찍고 노트북을 끼고 별다방 카페에 브런치 세트와 함께 앉았다. 기본적인 신상명세, 기본정보를 쓰고 잠시 얼음. 리프레쉬 겸 SNS를 하다 보니 벌써 점심이다.

어디서부터 시작해야 하지? 무엇을 부각시킬까? 결국 신입사원 때 썼던 이력서에 지금 경력만 일부 추가했다.

앞서 신입사원의 이력서를 그대로 쓰는 것은 10초 광탈행임을 설명했다. 당신이 대학생 때 장학금을 몇 번 받았는지, 동아리 회장이나 과대를 했던 것은 자랑과 추억으로만 간직하는 것이 좋다. 더 이상 회사는 당신의 대학 시절 고만고만한 사항들에 관심을 갖지 않는다. 이는 이미 현재 재직 직장의 취업 때 모두 고려된(또는 무시된) 사항으로 지금 회사의 가치로 모두 검증된 것이다.

경력직은 경력으로 말한다. 당신이 신입사원부터 어떤 보직을 거쳐 어떤 프로젝트를 경험했으며 업무 스킬을 쌓았는지 단순히 어학능력이 뛰어난 것이 아니라 사회생활을 경험하며 각종 출장, 의전, 회의가 가능하며 외국어 계약서의 검토가 가능한지를 보는 것이다.

경력직은 경력으로 말한다. 여기서 말하는 경력은 현업에 바로 투입되어 조직에 성과를 창출할 수 있는 능력을 말한다. 실제 회사의 채용공고를 보며 고객사의 입장, 내 상황에 맞게 검토해 보자.

········ **국내 유명 그룹 계열사, 건축 시공**(대리~과장) ·······

　— 담당업무

　❶ 건설현장, 건축시공 전반 업무

　❷ 현장 공정, 품질, 원가관리 및 대관, 대갑관리, 하도급 업체 관리

　❸ 건물 착·준공 제반 업무

　— 자격요건

　❶ 일반 건축현장 시공, 공무 유경험자(4년 이상)

　❷ 건축기사, 건축시공 기술사 자격증 우대

········ **채용 배경, 핵심 필요 역량을 파악하라** ········

평소 관심 있던 기업에서 이런 공고를 접했을 때 가장 먼저 선행할
일은 채용 배경 파악이다. 홈페이지의 회사 연혁, 주요 소식 및 최근 1년
간 기사를 리뷰하며 최근 인력이 필요할 만한 이슈가 있는지 파악한다.

제조사의 경우 신제품 개발 및 공장, 라인증대일 수 있고 컨설팅사,
건설, 중공업사일 경우 대형 프로젝트 수주일 수도 있다. 경영관리, 법

무, 회계 등 지원 조직의 경우 표면적으로 드러나는 경우는 상대적으로 적으나 상시 인력이 채용되며 내부 변화에 역시 민감한 만큼 홈페이지, 뉴스 등 표면상 정보 및 금융감독원 전자공시시스템의 연간보고서와 같은 공시자료를 참고하도록 하자.

해당 채용 배경을 알았다면 해당 포지션의 핵심 필요 역량을 파악하자. 해당 회사의 주요 수주 상품이 일반건축 중 주상복합인지, 오피스텔인지, 호텔, 리조트인지 파악해 본다.

········ 최선이 아니면 차선. 교집합을 부각시켜라 ········

해당 JD와 달리 본인의 수행 경험이 일부 다른 경우 부각시킬 수 있는 교집합을 고려하라. 상품군이 다르다면 해당 직무의 유사성을, 직무가 다르다면 해당 상품에 대한 이해를 부각시키는 것이다.

건축시공의 경우 회사에서 요구하는 일반건축 시공 경력은 없지만 아파트 시공 경력을 강조해 시공 업무의 전문성을 부각시키고 시공 경험이 없이 일반 건축 공무의 경험만 있다면, 일반 건축의 경험을 부각시키는 방법이다. 이는 비단 직무뿐 아니라 소비재와 건설, 중공업 같이 성격이 비슷한 인더스트리에도 적용할 수 있다.

직군, 상품 전환의 가장 좋은 선례는 회사 내 사내공모 제도, 순환 보직, 전배 케이스와 링크드인 인맥 또는 헤드헌터의 조언을 참조하는 방법이 있다.

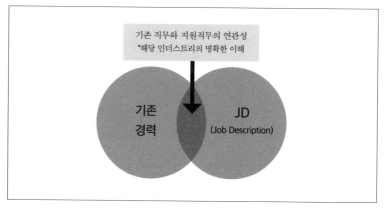

동종 업종, 다른(유관) 직군

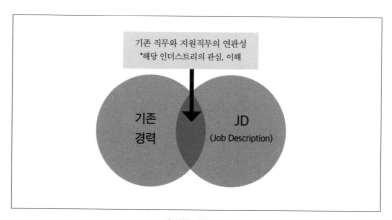

타 업종, 같은 직군

연차보다 중요한 것, 성과다

경력직을 증명해 주는 것은 기간이 아닌 성과다. 영업조직에 몇 년 있었다는 것이 당신을 증명해 주지 않는다. 작년 대비 매출 120%증대, 신규 고객사 0개 확보 등 KPI 달성여부, 즉 영업에서 어떻게 회사의 매출에 기여했는지가 관심사다.

지원조직이라면 연말정산 0회 완료, 이런 식으로 해당 포지션을 통해 달성했던 성과에 대해서 일목요연하게 작성한다. 최근 진행한 업무부터 적되 본인의 성과 중 해당 포지션에 적합한 순서대로 기입하도록 한다. 실제로 아파트 시공을 주로 하고 일반시공 경력이 짧을지라도 고객사의 주 관심사가 일반시공 경력이므로 이를 상단에 기입하도록 한다.

고객사에 익숙한 단어를 쓴다

고객사에서 요구하는 JD는 현업담당자로부터 전달받은 최소, 최적의 요구사항이며 1차 검증자는 당연히 인사담당자다. 때문에 용어 사용에 있어 되도록 본인 회사에서 사용하는 것보다 해당 고객사에서 쓰는 단어(JD에 명기된 단어)로 쓰도록 한다. 헤드헌터도, 인사담당자도 효율성 측면에서 해당 키워드만으로 검색하는 경우도 많음을 염두에 두자.

문제에 답이 있다. 우리가 수험생 시절, 토익 공부를 하며 끊임없이 들었던 진리다. 업계 공통 모범 답안 중 하나는 '답은 현장에 있다'. 이다. JD에 답이 있다. 그리고 그 모범 답안은 당신의 경력 안에 이미 들어 있다. 이것을 고객이 보기 좋게 일목요연하게 정리, 작성한 것이 이력서다.

즉, 채용공고라는 시험 문제에 제출한 당신의 답안지이며 제안서인 것이다. 아울러 이력서는 나란 존재를 마주하게 되는 첫 통로이자 얼굴이다. 그들의 요구에 따라 당신의 역량을 어필해야 하며 최대한 그들의 언어로 가독성 있게 작성하는 것. 이것이 이력서의 기본이다.

읽히는 이력서

이력서의 절대 목적

　점심시간 오늘은 뭘 먹을지 고민하는 가운데 아주머니들이 전단지 하나씩을 찔러 주신다. 퇴근길에는 근육질의 건장한 청년들이 헬스클럽 특가 전단지를 준다. 스팸함에 따로 분류해 놨지만 어떻게 필터링을 피했는지 간혹 호기심에 열어 보았더니 역시나 광고메일인 경우도 부지기수다. 이렇게 뿌려서 남는 게 있을까 싶지만 그렇게라도 팔아야 하는 치열한 경쟁의 시대다. 광고의 목적은 매출이다. 말할 것도 없이 이력서의 목적은 채용이다. 딱딱하고 매번 반복되는 내용인데도 신상명세 작성 이후에는 점심시간 메뉴 선정처럼 모두 마음에 들지 않고 막연한 경우가 많다.

고민 끝에 Ctrl + C, V로 넣었다가 결과는 똑같다. 큰 기대 안 했다고 스스로 위로해 보지만 냉정히 말해 한 번의 기회는 떠났다.

이력서는 반드시 읽혀야 한다. 수백 장의 이력서 중 눈에 띄려면 (탈락하지 않으려면) 그들의 시선을 붙들어 두어야 한다. 카피라이터이자 컨설턴트인 송숙희 작가의 『마음을 움직이는 단어 사용법』에 따르면 우리가 인터넷 서칭 시 클릭을 결정하는 데 걸리는 시간은 단 0.3초라고 한다. 알다시피 그렇게 클릭한 기사도 정독하는 경우는 거의 없다. 반복적으로 스크롤을 내릴 뿐이다. 시선이 머무는 시간은 단 8초, 글자로는 32개다. 이력서를 가십거리 기사와 비교하는 것이 어폐가 있지만 한편으로는 한정된 시간에 수백 장의 이력서를 정독할 인사담당자는 과연 몇 명이나 될까?

고객의 흐름에 따라 써라

회사 선배가 무슨 바람에서인지 이성을 소개해 준다고 한다. 사람

됨됨이나 인격은 천천히 알아갈 문제고 대부분 사람들은 '사진 좀 줘 봐요, 뭐하는 분이에요?'를 먼저 물어볼 것이다. 소개팅에 입을 옷이 없어 쇼핑몰을 검색할 때도 대부분의 관심사는 필터링(카테고리, 가격, 색상, 브랜드)에 포함돼 있다.

흔히 후보자의 이력서에는 신상명세, 학벌, 가족사항 등 첫 장에서부터 핵심에서 벗어난 경우가 많다. 어느 직군이든 보고 능력은 핵심사항 중 하나다. 대면 보고였으면 한 소리했을 것이고 서류 검토면 스킵할 가능성이 높다. 말할 필요도 없이 경력직 채용의 최대 관심사는 단연 경력이다. 최근 직장 이력부터 학력사항, 자격증, 어학, 기타사항(수상·교육사항상·병역 등), 세부경력, 자기소개서로 이어지도록 한다. 이때 Summary Table 1장, 세부경력 1~2장, 자기소개서 1~2장으로 구성되도록 한다.

고객의 언어로 써라

동종업계라도 부서에 따른 직무 및 프로세스, 용어가 다른 경우가 상이하다. 심지어 너무 잦은 약어 사용으로 중복된 표현도 다수 존재한다. 내가 재직했던 회사에서는 PM은 Proposal Manager(입찰담당자), Project Manager(현장 책임자), Procurement Manager(구매담당자)의 의미로 쓰였다. 앞에도 언급했지만 긴박한 채용공고의 경우 대부분의 니즈는 현업 부서로부터 발생된다.

마찬가지로 여기서 주목해야 할 점은 해당 서류의 1차 검토자는 인사담당자라는 것이다. 인사담당자가 현업 부서의 엔지니어나 실무자가 아닌 만큼 통용되는 기술용어에 통달하기도 어려울뿐더러 수백 장의 이력서를 일일이 약어 하나까지 찾아볼 만큼 한가하지 않다. 아울러 무책임한 포워딩을 허용할 회사도 없을 것이다. 이때 이용하는 것이 JD상의 단어를 이용한 필터링이다. 출신학교나 이력이 상당히 매력적이라면 모를까, 그렇지 않다면 필터링으로 걸릴 확률이 크다.

워런 버핏은 80대 할머니에게 투자율에 대해 설명할 때 '100달러를 주시면 1년 후에 107달러를 드릴게요'라고 설명한다고 한다. 이력서는 읽혀야 한다. 같은 의미라면 상대에게 익숙한 단어, 고객의 언어를 사용하라.

눈에 들어오는 경력 3F 조건

해외영업 시절, 업무 중 가장 큰 부분을 차지했던 일은 문서 작성이었다. 수천 페이지의 입찰서와 계약서 입찰여부부터 가격 제출까지 전 영역을 아우르는 각종 사내 프로세스를 위한 내부 보고 자료 등 하나의 프로젝트가 끝나면 관련 자료만 10GB를 아우를 정도로 방대한 업무량이었다.

이 중 가장 공들이고 긴장하는 것이 그룹 보고였다. 사실 많아 봐야 A4 10장 정도지만 프로젝트 관련 보고의 정수였다. 덕분에 사수와 팀장은 물론 본부의 임원까지 전 인력이 주말을 오롯이 바쳐 가며 심혈을 기울이곤 했다. 이유는 이렇다.

'의사결정자에게, 현안과 전략에 대한 핵심보고'

이력서에 맞춰 뽑아 내면 아래의 3F로 추릴 수 있다.

❶ Focus

채용 경위에 초점을 맞춰 기술하라. JD상 총무담당자를 채용한다면 설령 본인의 경력이 인사 60%, 총무 40%라도 JD상 명기된 총무 경력을 가장 상위에 명기하라. 어찌 보면 사소한 거지만 이렇게 하는 건 제목에 언급된 것처럼 끝까지 읽히게 하기 위해서다.

A란 직무 위주의 포지션을 채용하는데 A, B, C의 업무를 경험한 후보자가 있다고 치자. 시선의 흐름에 따라 '이 후보자는 A도 B도 C도 경험했구나'로 인식될 수 있는 반면 '이 후보자는 B, C만 경험했네' 하고 다음 사람으로 넘어갈 수도 있다.

A4 한두 장의 이력서인데 이런 차이가 있을까 생각하기 쉽다. 노벨 경제학상을 수상한 심리학자 대니얼 카너먼은 그의 역작 『생각에 관한 생각』에서 판사들의 식사 직후 가석방 승인 비율을 인용했다. 승인 비율은 식사 후가 65%로 가장 높았고 식사 전에는 제로에 가까웠다. 즉 피로도가 쌓일수록 보다 쉬운 결정인 '가석방 거부' 결정을 내리는 것이다. 판결문당 소요되는 시간은 약 6분이다. 당신의 이력서에 소요되는 시간은 이보다 더 짧을 수 있음을 기억하자.

❷ Figures

HR 전문가 2200명을 조사한 결과 싫어하는 단어는 '최상의', '협력을 잘하는'과 같은 모호한 단어들이었다. 프로임을 증명하는 것은 최선, 열심이라는 누구나 다 하는 것이 아닌 성과, 즉 KPI이다. 영업팀, 전략기획에 몇 년 있었다는 연차는 당신을 증명하기 어렵다.

영업이라면 매출이 전년 대비 몇% 성장했는지, 몇 건을 입찰하고 수주했는지 명기해라. 회계담당자라면 회계감사를 몇 건 진행했고 연말결산을 몇 번 진행했는지, 마케팅담당자라면 광고수익률과 시장점유율을 어떻게 바꿨는지 명기하라.

❸ Fact

서류 다음에는 면접, 면접 다음에는 평판, 평판 다음에는 실무가 기다리고 있다.

면접까지는 언변으로 넘어갈 수 있으나 현업에서의 고충은 회사와 후보자 모두 감내해야 한다. 팀이 아닌 본인이 진행한 업무에 대해서만 명기하고 개발자나 디자이너 직군의 경우 본인 기여도에 대해서 사실대로 명기한다. 당신도 잘 알겠지만 아니 당신의 생각보다 업계는 더 좁다.

합격까지 따라다니는 3가지 질문

'이력서에 한 줄이라도 더 적으려고요.'

취업준비생이나 대학생들에게 자격증이나 영어공부를 하는 이유를 물어보면 가장 많이 하는 대답이 바로 이거다. 몇 달을 준비한 자격증도 영어 점수도 20대를 오롯이 바친 대학생활까지 숫자 000으로 표기되는 것을 보면 '이걸 위해서 이렇게까지 했나?' 하는 허무한 감정이 들기도 한다.

이직의 경우에는 이처럼 큰 시간을 들여 새로 작성하거나 머리를 짜내야 할 필요는 없다. 신입사원 채용과 달리 자기소개서가 큰 비중을 차지하지 않고 생략해도 지장이 없는 경우도 있기에 쉽게 생각해 본인의 표준 이력서를 활용하기 쉽다.

하지만 어찌 됐든 기억해야 할 것은 당신의 첫인상, 제안서는 바로 이 이력서다. 아래 3가지 사항에 대해서 각별한 주의가 필요한 이유다. 명쾌한 답변이면 플러스가 될 수도 있다. 반대로 어설프거나 허황된 답변이면 100%탈락이다.

'인터뷰 때 생각하지 뭐' 하다가는 인터뷰를 준비하며 이렇게 엉망인 답을 떡하니 제출한 스스로를 원망할 가능성이 크다.

지원동기

이력서 내에 적는 항목이 없을 수도 있으며 자소서를 요구하는 경우에는 필수적으로 언급되는 항목이다. 기업의 네임밸류나 연봉, 복리후생도 답변이 될 수 있다. 그러나 이익에 쉽사리 움직이는 사람을 좋아할 사람은 아무도 없다. 언제든 더 높은 연봉이나 기업의 경영 위기 때 떠날 수 있는 인재로 비춰지기 때문이다. 기업의 미션과 비전, 연혁 등을 참조해도 좋고 회사의 기업문화나 트렌드, 매출, 기업 성장가능성 및 시장점유율에 집중해도 좋다.

그러나 우리는 이미 3장에서 명확한 가치관과 본인의 니즈를 따라

기업과 직군을 물색한 점을 기억하자. 물론 가장 좋은 케이스는 본인의 스토리텔링이 가미된 지원동기다. 솔직히 마음이 움직이지 않는다면 굳이 리스크를 안고 이직할 이유가 무엇이겠는가?

이직사유

지원동기가 '왜 많고 많은 회사 중 우리 회사인가?'라면 이직사유는 '왜 지금 있는 곳을 떠나는가?'이다. 주변인에게 털어놓기 어려운 피치 못할 사정이 있는 경우도 있을 것이다. 반대로 경력 계발 등 새로운 도전을 위해서 용감한 선택을 한 경우도 있을 것이다.

'김 부장은 어디에도 있어.'

'모르면 힘들고 알면 짜증나는 게 직장생활이야.'

맞다. 김 부장은 어디에도 있고 회사생활은 어디든 힘들다. 그렇기 때문에 어떤 사유라도 회사를 절대 비판하지 마라. 한국뿐 아니라 세계 어디든 팔은 안으로 굽는다. 아버지 세대를 포함한 대부분 기성세대들은 회사를 단순히 고용관계를 넘어 우리 부모님 장례 치르고 우리 아이 공부시킨 고마운 존재로 인식한다.

즉, 하나의 가족이자 유기체인 곳이다. 본인의 가족을 욕하는 사람을 좋아할 곳은 없다. 이는 비단 면접뿐 아니라 삶에서도 중요한 가치다. 데일 카네기의 『인간관계론』 첫 장의 제목도 '남을 비판하지 말라'다. 부정적인 이유에 긍정을 입혀라.

파산, 임금체불 등 법리적으로 문제가 있는 경우가 아니라면 현 회사의 장점(비전, 경력 계발)과 개인의 시너지를 언급하는 것도 방법이다. 대인관계로 어려움을 겪었으면 이로 인해 대인관계의 중요성과 사교성을 갖게 되었음을 어필하면 될 것이다.

다시 말하지만 한 계단만 건너면 다 아는 사이일 정도로 업계는 좁다. 당신이 어떤 고문관을 버텼는지, 왜 이직을 해야만 했는지, 사람됨을 보면 알 수 있고 설령 눈치 채지 못했더라도 평판을 통해 알 수 있다.

연봉

희망연봉 기재란을 보는 순간 어떤 수치를 적어야 할지 난감한 경우가 있다. 현재 재직 중이며 특별한 이직사유 없이 연봉상승이 최우선적인 경우 (연봉이 맞지 않으면 이직을 고려치 않는 경우)에는 큰 고민이 없겠지만 정말 가고 싶은 회사나 현재 회사에서 어떻게든 벗어나야만 하는 이유가 있을 때는 여간 고민이 되는 것이 아니다. 더구나 구직 중이라면 경우의 수는 좀 더 복잡해질 것이다. 연봉에 대해서는 서적에 따라서도 처음부터 덥석 물지 말고 3번까지 네고하라는 것부터 연봉으로 감정싸움을 하지 말라는 것까지 의견이 다양하다.

희소성의 위치를 선점하지 못한 상황(대리나 과장 99%)에서 사실상 연봉인상의 주도권을 잡기는 쉽지 않다. 하지만 기억해야 할 것은 이력서상 처음 명기한 연봉보다는 더 받기는 쉽지 않다는 것이다. 즉 연봉은 후보자의 [희망치(이력서 첫 명기 연봉)~인사팀 제안치] 사이에서 결정된다. 쉽게 말하면 가장 크게 불러야 할 곳은 바로 이력서에서다. 정리하면,

❶ 연봉은 네고가 가능하다. 하지만 이력서에 처음 명기한 수치보다 더 부를 순 없다

❷ 현재 연봉은 연봉계약서의 계약연봉으로 언급하고 고정 인센티브, 고정 수당 등은 최대한 명기한다

❸ 승진 등 연봉인상이 예정되어 있다면 명기한다

❹ 적정연봉 : 희망회사의 해당 직급 평균 급여 혹은 현재 연봉의 5~10% 인상이다

❺ 과도한 연봉 제시는 자칫 현실감 없는 후보자로 보여 서류탈락

이 될 수 있다

⑥ 협의로 명기한 경우, 면접 시 인사팀의 질문에 구체적 수치로 대답할 준비를 하라

현재 연봉이 4천, 재직 중이라면 10% 인상은 동기부여 및 기회비용 측면에서 합리적이다. 4,500을 명기했을 때 당신의 연봉은 4,000~4,500 사이에 결정된다고 보면 된다. 인더스트리 변경 등으로 현재 연봉을 적용하게 될 때 상대적으로 차이가 많이 난다면 해당 인더스트리 동년 직급의 평균 연봉을 희망연봉에 명시한다.

연봉은 시장가치다. 만약 서류에 적은 금액보다 면접 시 더 큰 금액을 제안한다면 당신이 희소성을 선점하고 있지 않는 한 인사담당자는 아까운 시간만 빼앗겼다고 생각하기 십상이다. 연봉협상은 이후 5장에서 자세히 다루도록 하자.

이력서 작성 가이드

국문 이력서의 경우 보통 자사양식이 있다. 대기업의 경우 웹상에서의 작성, 제출도 흔하나 담겨 있는 내용은 동일하다. 아래는 내가 후보자 추천 시 작성하는 헤드헌팅 양식으로, 회사의 흐름에 따라 작성하였다. 이력서 작성 시, 앞서 읽은 챕터의 내용과 같이 참조하면, 도움이 되도록 하였다.

Candidate Report

> 글자체(맑은 고딕, 바탕체, 영문은 Times New Roman), 색상, 크기에 유념
> 작성 후 반드시 맞춤법 검사 시행

지원회사	○○○ (반드시 홈페이지상 사명을 명기한다)	
포지션	○○○○ (반드시 JD상 직책을 명기한다)	
지원일자	2019-XX-XX	
지원자	정 구 철	
성별	남성 (기혼)	생년월일 1983년 (36세)

> 사진은 긍정적, 밝은 인상의 최신 사진 유지

Executive Summary

요약	후보자(본인)는 건설, 스타트업 전문 헤드헌터로 2년간 메이저 서치펌에서 업무 수행 경험 및 국내 Top 건설사에서 해외 현장 공무 및 발전 기술영업 경험 보유 핵심역량 • 건설, 중공업, 스타트업 헤드헌... 　(패션, 물류, 경영컨설팅 다수... • 고객사 JD 분석 및 니즈에 적합한 인력 Searching, 추천 역량 보유 • 고객사, 후보자, 조직원 간 상생, 협업 마인드, 커뮤니케이션 스킬 보유 • 진취적, 긍정적 마인드 보유, 스트레스 및 슬럼프 관리 역량 탁월
이직사유	• 주도적 업무 수행 희망
현재 연봉	• 현재 연봉 : 0,000만 원 (인센티브, 현장수당 제외) • 희망연봉: 협의
이직소요기간	• 채용 결정 후 4주 이내

> 핵심역량은 본인의 경력상 Portion이 아닌, 회사 JD에 맞게 순서대로 작성

> 현재 연봉 : 연봉계약서 기준
> 희망연봉
> - 재직 시 : 현재 연봉 +5~10% 인상
> - 구직 시 : 현재 연봉 수준
> *희망연봉은 현 연봉의 12~13% 수준 명기

> 이직소요기간
> - 재직 시 : 채용 결정 후 4주
> - 구직 시 : 채용 결정 후 1~2주

Education

기간	학교 / 학위 / 전공
2002.03 ~ 2010.02	○○대학교 / 학사 / 토목환경공학과
1999.03 ~ 2002.02	○○고등학교 / 인문계

> 이력서 내 기간은 최신 사항을 항상 위에 명기하도록 한다

Employment History (총 8년1개월)

기간	학교 / 학위 / 전공
2016.10 ~ 재직중	○○○파트너스 / 서울 / 컨설턴트(과장)　　　(1년 11개월)
2010.07 ~ 2016.08	○○물산 건설

* 2016.08~2016.10: 귀국 및 개인사유(육아)

> 경력상 공백사항은 간략히 명기하도록 한다
> 2~3개월의 기간은 구직으로 봐도 무관하나
> 6개월 이상의 경우, 필히 명기하도록 한다
> *1개월의 짧은 재직 기간도 건강보험납입증명서에 기록됨

Language Skills

영어: 비즈니스 영작문, 회화 가능 (OPIC IM2)
해외 출장 20회, 해외 근무 1년

> 어학 성적은 업무상 언어 가능 여부가 중점사항이므로, 만료된 점수라도 명기하도록 한다

Others

병역
육군 만기 제대 (2004.03~2006.03)

자격증
토목기사 (한국산업인력공단, 2008)
건설재료기사 (한국산업인력공단, 2008)

교육이수 사항
해외 건설 실무자 법무팀 파견 근무 (2014.07~2014.09)

수상경력
○○○ 파트너스 MVP (2017)
자랑스런 ○○인상 (2011)

OA 활용 능력
PC 활용: 상 (MS-Office, 워드1급 / 컴퓨터 활용 2급 보유, 육군 행정병 출신)

어학 연수 및 해외 경력
해외 현장 근무 (○○물산 / 터키 / 2015.11~2016.08)
해외 자원 봉사 (○○기독병원 / 에디오피아 / 2006.04~2006.10)

> • 병역
> 공익이나 면제의 경우 간략히 사유를 명기해 준다(근시, 현재 완치)
>
> • 자격증 및 기타사항
> 자격증, 수상경력(발급기간, 발행일) 명기
> 업무상 무관한 자격증은 명기하지 않는다
> (대학 시절 활동 등)

Professional Experience

2016.10 ~ 재직 중, ○○○ 파트너스 / 서울 / 컨설턴트(과장)
2000년 6월 설립, 매출 ○○억, 직원 35명, 헤드헌팅 1세대 메이저 서치펌

담당업무:
1. 산업 시장 분석 및 신규 고객사 발굴
   잠재고객사 콜드콜 수행, 재오더 고객사 22개 보유 (2018년 8월 기준)
   - 주요 고객사
   - 건 설 : ○○○○, ○○건
   - 제조사 : ○○코리아, ○○
   - 중공업 : ○○중공업, ○○
   - 스타트업 : ○○○벤처, ○
2. 채용 프로젝트 진행
   - 매출 ○○만 원 달성 (2018
   - 인더스트리, 직무에 따른
3. 평판조회 및 레퍼런스 체크
   - ○○○, ○○중공업, ○○○

> • 회사 개요 (매출, 직원수, 업계순위 등)
>   경력사항
> 1. 최신 경력부터 나열
> 2. 단순히 경력 나열 지양
>   JD요구 업무, 핵심역량을 중심으로, 3F에 맞춰 서술
>   업무의 Title / Role(세부업무) / Performance순으로 적는다
>   Ex) Recruiting Consultant
>   - 신규 고객사 마케팅, 영업 (20건 체결/연매출 1억 달성)
>   총 경력사항은 가능하면 1장, 최대 2장을 넘지 않도록 한다
>   문장이 불필요하게 이어지거나 진부하게 흐르지 않도록 한다
> 3. JD상 요구되는 경력이 있다면, 가장 위에 명기토록 한다
> 4. 워딩은 지원회사의 JD를 따른다

2010.07 ~ 2016.08, ○○물산 건설부문 / 터키 / ○○○ IPP / 대리
1900년 설립, 매출액 00조, 종업원 0,000명, 시공능력 평가 0위 기업(2017 기준)

담당업무:
1. 터키 ○○○ IPP(0억불, 000MW), 대리(2015.01~2016.08)
   Project Engineer 및 기계, 전기 하도업체 공무 업무 수행
   - 주별, 월별 보고 및 수행 프로세스 주도적 수행, ○○전략실 보고
   - 하도업체 계약 체결 및 계약변경(Variation Order), 기성 관리
2. 발전 Proposal팀, 주임 (2011.01~2014.12)
   복합화력 발전소 기술영업 PE(Proposal Engineer) 업무 수행
   - 터키 PJT 3개, 우즈베키스탄 PJT 1개 Firm Proposal 제출
   - 터키 ○○○ IPP 수주 (0억불, 000MW)
   - 10개 프로젝트 Indicative Proposal 제출
   - 입찰초대서(ITB: Invitation to Bid) 분석 및 사내프로세스 수행
   - 대주단, 발주처, OEM사(○○, ○○○, ○○○) 입찰서(기술, 상업), 계약서 작성
   - 각종 계약서류(EPC Contract, PO, POA, LOI, LOA, MOU, MOM) 작성 및 변호사 협의
   - 사업본부 핵심인력으로 지역전문가 지원

[이직사유] 업, 직종 전환 희망

> • 이직사유 : 부정적인 단어사용 절대 지양
> - 경력단절 혹은 생뚱맞은 경력이 있다면,
>   긍정적인 면(교집합, 도전정신, 적응력)이
>   부각되도록 작성

chapter
five

마음에 꽂히는
실전 이직 면접

memo.

회사는 어떤 사람을 뽑는가?

"네, 알겠습니다. 감사합니다!"

착실하게 준비했지만 정말 될까? 반신반의하던 그 회사에서 연락이 왔다. 다음 주 금요일 오후 3시. 짧지 않은 시간을 들여 자기성찰, 경쟁사 분석을 하고 지금 이 시간에 서류전형을 통과해서 면접 과정을 준비 중이라면 먼저 축하의 인사를 전한다.

당신이 쌓아 온 경력은 그 회사에서 뽑고자 하는 인재와 70%이상 부합한 것이다. 단순히 경력사항뿐 아니라 독자의 현 위치가 시장에서 값어치가 있음을 증명한 것으로 현재의 경력이라면 비슷한 규모의 경쟁사에서는 대부분 당신의 이력서를 눈여겨 볼 것이다.

하지만 축배를 들기에는 너무 이르다. 이제야 채용 프로세스 중 단

하나를 통과한 것이며 고객이 마음에 들어 한 것은 냉정하지만 당신이 아닌 당신의 이력서다. 즉, 친구가 소개팅 주선 때 보내 준 사진 한 장에 "괜찮네, 한번 만나 볼게"의 의미. 딱 그만큼이다.

매번 똑같은 질문 같은데 매번 대답 못하고 매번 본인을 탓하며 탈락의 고배를 들이킨다면 이번 기회에 면접에 대해서 배워 보는 것은 어떨까?

채용 시 우리가 주목해야 할 것은 역시 고객이다. 면접을 준비하기에 앞서 당신의 조직생활을 한번 떠올려 보자. 조직에서 부서 전배 또는 경력직으로 입사하는 인력들을 본 경험이 있을 것이다. 설령 없다 해도 괜찮다. 우리는 회사를 통해 다양한 인간들을 경험했다. 그중 당신이 인정하고 닮고 싶은 좋은 선배, 리더는 누구인가?

대부분 이들은 비단 당신에게 뿐 아니라 조직에서도 두루 인정받는 인재일 것이다. 케이스야 다양하겠지만 그들의 공통분모를 뽑으면 아래 두 가지일 것이다.

· 업무 / 성과 등 정량적 지표
· 인성 / 태도 등 정성적 지표

다시 이력서를 작성하던 때로 돌아가 이번에는 회사 입장에서 보도록 하자.

회사는 어떤 사람을 뽑고 싶을까? 여러 답변이 있겠지만 앞서 떠올렸던 선배들을 생각하며 심플하게 접근해 보면 답은 쉽다. 바로 같이 일하고 싶은 사람이다. 회사라는 조직으로 딱딱하게 표현했지만 회사도 결국 사람이다.

　앞서 언급한 폰 리비히의 '최소량의 법칙'에 대해서 자세히 이야기해 보자면, 식물은 햇빛만 있다고 해서, 수분만 많이 준다고 해서 살 수 없고 오히려 최대치가 아닌 최소치의 영향을 받는다는 이론이다.

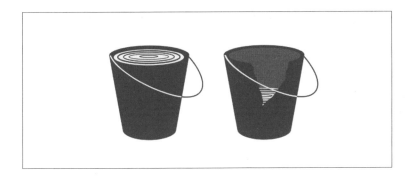

　식물의 생산량에 관계하는 요소가 아무리 충분해도 균형을 이루지 못하고 어느 한 요소가 부족하면 식물의 생산량은 그 부족한 요소의 지배를 받는다. 이때 가장 적은 요소를 한정요인이라고 한다. 이 한정요인을 증가시키면 식물의 생산량은 그것에 비례해 증가하다가 어느 일정한 양에 이르면 그 이상 증가시켜도 생산량은 증가하지 않는다. 그때

는 다시 새로운 요인이 한정요인이 되는 것이다(출처 : 과학백과사전).

직장생활은 동호회가 아니기 때문에 사람만 좋아서는 안된다. 프로의 세계에서 성과 없는 열심, 속절없이 착한 것이 얼마나 무서운지 당신도 이제 잘 알 것이다.

아울러 본인이 아무리 스티브 잡스라도 조직문화, 분위기를 헤치는 인재는 가차 없이 아웃이다. 그런 사람에게 어울리는 자리는 애플의 오너뿐이다. 직장에서 인력을 채용할 때는 본인의 업무 전문성은 물론, 조직과의 협업 능력이 있는 인재를 원한다. 시대가 변하지만 변하는 것은 현상일 뿐 본질은 바뀌지 않는다. 회사에서 이러한 인재를 채용하기 위해 인터뷰 때 검증하는 역량들은 아래와 같다.

1차 실무자 면접 : 디테일한 업무 전문성과 인성

경력사원인 만큼 현업에 바로 투입되어 빠른 시일 내에 기존 조직원들과 성과를 낼 수 있는 인재

2차 임원(3차 대표 면접)

실무 검증, 회사의 비전 및 가치를 공유할 수 있는 인재, 융화될 수 있는 인재

모든 관문을 거친 후에 비로소 연봉협상을 진행하고 최종적으로 오퍼레터(Offer Letter)를 받게 되면 길고 긴 채용의 과정을 마치게 된다. 어찌 보면 단순하고 명쾌한 질문이 가장 답하기 어려운 것처럼 일련의 과정 역시 쉽지 않다. 채용의 과정들이 기업과 개인의 욕망에 기인하고 철저히 수요와 공급의 법칙에 영향을 받기 때문에 수많은 변수와 함정이 존재한다.

소개팅이 잡혔다면 이제 본인을 가꿀 차례다.

SNS 사전 답사를 통해 취향도 파악하고 가십거리도 생각해 보고 다음 만남을 위해 어떻게 연락을 취할지 치열하게 고민할 것이다. 소개팅의 비유가 자칫 가볍게 보일지 모르지만 사람의 필요와 욕망을 다루는 점에서 회사와의 만남도 크게 다르지 않다.

실제 많은 이가 직장생활을 결혼에 비유하기도 한다. '그냥 보지 뭐?' 하는 안일한 마음으로 임한다면 미안하지만 회사에서도 그렇게 당신을 그냥 본다.

교세라 그룹의 창업자이자 일본의 경영 구루인 이나모리 가즈오는 그의 저서 『일심일언』에서 사람을 다음과 같이 3가지 물질에 빗대어 설명했다. 스스로 자신에게 불을 붙이는 자연성(自然性), 불에 가까이 가면 불이 붙는 가연성(可燃性), 불에 가까이 있어도 불이 붙지 않는 불연성(不燃性)의 사람.

목표를 성취하려면 적어도 당신의 열정이 전달되어야 한다. 이직을 위한 면접 한 번 한 번은 내 피 같은 연차와 반차를 땔감으로 사용한다. 금 같은 휴가를 남들 앞에서 진땀 흘리기 위해 소비하는 사람은 없을 것이다. 다음 장을 보며 면밀히 준비해 기회를 잡자.

면접에 임하는 우리의 자세

'안녕하십니까. 지원자 ○ ○ ○ 인사드립니다.'

얼마나 내공이 쌓이면 익숙해질 수 있을까? 야근 중에도 틈틈이 시간을 내 연습했지만 자기소개부터 준비한 대로 나오지 않았다. 신입사원 때만큼 경직된 분위기는 아니지만 날카로운 질문에 식은땀이 나는 것까진 막을 길이 없다. 모처럼 잡은 기회인데 아쉬움이 밀려오는 것은 어쩔 수 없다.

누구나 면접을 보며 이런 후회의 경험들이 있을 것이다. 헤드헌팅을 진행하며 해당 직무에 적합한(심지어 인사담당자도 반겼던!) 인재였으나 면접에서 아쉽게 탈락의 고배를 마신 경우가 종종 있다. 신입사원처럼 비슷비슷한 인재 가운데 가능성을 보고 뽑는 것이 아니기에 사실 질문도 대부분 예측 가능한 경우다.

하지만 면접은 역시 면접인 법. 기회의 문은 냉정하게 1명에게만 열리는 것이 현실이다. 기존 제출한 이력서와 당신의 경력은 바꿀 수 없는 것이기에 이때 챙겨야 할 것이 디테일이다. 디테일은 결코 사소한 것이 아니다. 끝까지 면밀히 챙겨야 한다. 아래는 면접에서 지원자들이 챙겼으면 하는 디테일이다.

첫인상은 당신의 생각보다 중요하다

대학교에서 첫 오리엔테이션을 할 때 마음에 드는 소개팅에서 첫인상이 결정되는 시간은 얼마나 될까? 책마다 조금씩 다르지만 통상 5초라 한다.

그럴 만한 것이 사람에게 전해지는 정보의 87%는 눈을 통해서 전해진다 한다. 시각을 통해 우리는 걸음걸이를 보고 표정을 보고 복식을 관찰한다. 말도 나누기 전에 90%에 가까운 정보를 얻고 5초의 시간 안에 결정을 내리는 것이다. 이것을 우리는 선입견이라 한다.

이 시간을 통해 과연 면접 대상자가 자신감이 있는지, 긍정적인 성향인지, 조직문화에 맞는지 짐작해 볼 수 있다.

혹자는 과도한 선입견이라 여길지 모른다. 그러나 분명한 것은 면접관은 본인이 판단한 선입견으로 후보자를 판단하고 질문할 것이다. 면접관을 바꿀 수 없다면 내가 변하고 내가 대비하는 수밖에 없다. 면접 전 되도록 밝고 긍정적인 인상, 바른 자세를 유지하라. 이를 위해 면접 전에는 의도적으로 기분 좋은 상상, 자신감을 불어넣는 말을 되뇌라. 이 주문이 당신의 걸음걸이로, 자세로, 표정으로 드러날 것이다.

면접 복장은 별도로 명기되어 있지 않는 한, 입사하고자 하는 회사보다 보수적인 복식을 취하는 것이 안전하다. 금융사, 경영컨설팅 업계라면 슈트를, IT나 패션 등 자율성과 개성을 존중하는 업계라도 비즈니스 캐주얼을 넘지 않는 것이 좋다.

대부분의 스타트업, IT업계의 경우 복장제한이 없는 경우가 다수다. 트렌디한 청바지와 패션감각이 플러스가 될 수도 있지만 보수적인 성향의 사람에게는 마이너스가 될 수 있음을 기억하자. 실제 나는 스타트업 인사담당자에게 과도하게 트렌디한 복장이 이력서의 다른 의문점들과 합쳐져서 부정적 인상을 주었다는 피드백을 받기도 했다.

물론 이런 성향의 인재를 반길 수도 있고 면접 복장이 탈락여부에 결정적인 영향을 미치는 것으로 생각하기엔 억지일 수 있다. 다만 앞서 말한 것과 같이 이건 증폭제의 역할, 선입견의 프레임을 씌운다. 과도함보다는 보수적일 것을 제안하는 이유다.

면접은 이미 시작되었다

    면접의 시작은 언제일까? 면접장으로 들어서면서부터? 면접을 시작할 때? 좀 더 엄밀히 말해, 채용사에 들어선 순간부터다. 모 대기업 인사담당자와의 면담 때 들은 이야기는 위의 주장을 뒷받침한다.

    "3차 회장님(최종면접) 면접인터뷰 때 후보자가 대기장에서 너무 안하무인하고 무례한 태도를 보였어요. 회장님께 보고된 인력을 실무자들이 거른다는 것에 상당히 리스크가 있었지만 임원진에게 보고해야겠다고 마음먹었죠. 근데 역시나 회장님 면접에서 떨어지더라고요."

    대부분 기업이 3차 면접까지 진행할 경우엔 1~2배수인 점을 고려할 때 파격적이지 않을 수 없다. 기억하자. 회사를 들어선 순간, 회사의 수많은 시선들은 당신을 평가한다. 아울러 어느 회사의 프로세스에서도 형식적으로 그냥 보는 면접은 없다.

· · · ·   **면접에서 챙겨야 할 3가지_자신감, 겸손함, 진솔함**   · · · ·

    나는 고객사에 추천 전 후보자들을 만나 보고 사전 인터뷰를 진행한다. 긴박한 일정, 지방근무 등으로 부득이하게 상황이 안될 때에는 면접 전에라도 꼭 만나서 인터뷰를 진행한다.

경력 및 자격사항이야 어느 정도 검증이 된 후보자들이고 현업에 대해서는 내가 첨언할 것이 많이 없다. 해당 회사의 비전과 성향, 업계 트렌드, 면접을 위한 스킬을 제공하는 것으로 인터뷰는 대략 마무리된다. 이때 후보자에게 내가 마지막으로 꼭 당부하는 3가지가 있다.

'자신감, 겸손함, 진솔함'

앞서 채용의 본질이 같이 일할 사람을 뽑는 것임을 언급했다. 이건 많은 의미를 포함한다. 프로이기 때문에 프로페셔널해야 함은 당연한 것이다. 일을 위임하고 맡기기 위해서 필요한 게 프로페셔널이 내재된 업무에 대한 자신감이다. 하지만 업무 성과만을 달성한다고 다 되는 것일까?

조직에 융화되지 못하는 인재는 암과 같다. 많은 기업이 시행착오 끝에 블라인드 채용 등을 확대하는 이유 중 하나다. 아울러 진솔함이다. 본인의 성과가 아닌 일도 본인이 했다고 포장하는 경우가 있다. 임기응변으로 기회는 잡을지 몰라도 본인에게도 회사에게도 비극이요, 위기가 될 확률이 높다.

꾸미지 말자. 모르는 것은 문제가 될 수도, 감점요인으로 작용할 수도 있다. 그러나 아는 척해서 생기는 문제에 비하면 가벼운 수준이다.

채용과정에서 후보자를 검토할 때 서류 검토와 면접을 진행한다.

대학생 및 일부 전문가들은 사람을 단지 서류와 한두 번의 면접만으로 판단하기 어렵다 하지만 내 생각은 조금은 다르다. 이력서 작성, 면접 시 요구되는 역량들은 단지 면접만이 아닌 직장생활에 필수적으로 요구되는 역량이기 때문이다.

직장생활에서 직군에 따라 차등은 있겠지만 요구되는 핵심역량은 바로 보고다. 한 예로, 나는 신입사원 시절 회사의 주재원 출신 선배와 술자리를 하며 뛰어난 외국어 구사 능력을 갖춘 것을 부러워한 적이 있다. 그러자 선배는 정색을 하며 영어보다 한글을 잘하는 것이 훨씬 어렵고 중요하다는 말을 했다. 그 선배도 나와 같은 해외영업 직군으로 선뜻 그 말이 이해되지 않았다. 하지만 경력이 쌓이면서 선배가 말한 한글을 잘한다는 게 어떤 의미인지 파악할 수 있었다. 그 말의 의미는 서면, 대면 보고에서도 중요한 리포팅 능력이었다.

회사 업무는 주간, 월간, 분기별 현황 및 프로젝트 경과 및 현안 보고, MBO 및 KPI Status 보고자료 및 세미나, 프로세스에 따른 대내외적 회의는 물론이요, 이에 따른 수많은 프레젠테이션 및 상급자 대면 보고와 부서 내 세미나 등 수많은 페이퍼 워크와 미팅, 프레젠테이션으로 이뤄져 있다. 긴장하기 쉬운 면접의 특성을 고려하더라도 본인의 성과도 정리 못하는 회계직군을, 본인 실적도 발표 못하는 영업 인력을 반길 회사는 많지 않을 것이다.

모든 행동에는 이유가 필요하다

'질문의 답이 그게 아닌데, 잘 모르시나 봐요?'

'회사 홈페이지에 다 나와 있는 건데, 준비가 부족하신 것 같아요.'

이런 압박면접의 경험으로 와이셔츠, 블라우스 적셔 본 경험은 취준생 시절 누구나 가지고 있을 것이다. 아울러 뽑아만 준다면 회사 성장 동력의 휘발유가 되겠다는, 성실과 열정으로는 세계 1등이라는 오글거리는 말과 같은 흑역사도 하나씩 있을 것이다.

면접을 앞두고 너무 긴장할 필요는 없다. 짧은 사회생활이지만 우리는 적어도 1주일에 2~3번의 회의를 경험했고 사수부터 팀장, 파트장 급과 협업해 왔다. 지금 당신 앞에 있는 면접관이 당신이 앞으로 같이 일할 상사다. 각 잡을 필요도 관등성명을 댈 필요도 없다. 너무 긴장하지 말잔 얘기다.

짧은 기간, 반드시 짚어야 할 3가지

신입사원 면접 때와 달리 경력직은 조직의 신규충원이나 내부결원 등 촉박한 현업 부서의 니즈에 의해 급속도로 진행된다. 기한이 명시되지 않은 경우 통상 서류접수 후 1~2주 내에 면접 일정이 잡히며 빠른 경우엔 접수 당일 면접 일정이 잡히기도 한다. 제한된 일정, 효율적인 면접을 위해 준비해야 할 것은 무엇이 있을까?

1. 회사 정보 및 업계 트렌드 파악

회사에 이력서를 제출했다면 그 회사 및 직군에 대한 정보는 필수다. 현재 희망회사에 재직 중인 지인 또는 추천해 준 헤드헌터를 통해 해당 포지션의 발생경위, 중점사항 등을 파악하라. 홈페이지와 신문에서 해당기업, 업계의 정보 및 트렌드, 금융감독원 전자공시시스템(dart. fss.or.kr)에서 재무제표의 매출, 영업이익 등은 면접 전 필수로 점검해야 할 사항이다.

2. 본인 제출 이력서 복기

우리는 직장에서 본인이 쓴 보고서에 답도 없고 적힌 것도 대답하지 못하는 불쌍한 동료들을 여러 명 보아 왔다. 나 역시 직장생활을 하며 사수에게 배웠던 것 중 하나는 '확실한 것, 아는 것만 적어. 모르는 것, 불확실한 것은 빼' 라는 것이다.

하물며 본인의 이력서에 명기된 경력 사항에 대해서도 명확히 설명하지 못한다면 면접관에게 어떠한 확신을 줄 수 있을까?

이력서에 적힌 본인 업무에 대한 요약, 핵심역량, KPI 달성 여부는 물론 그 숫자와 이면에 담긴 의미도 설명할 수 있어야 한다. 인사담당자가 궁금해하는 것은 당신이 전략기획팀에 있었다는 사실이 아니다. 전략기획팀에서 어떤 업무를 주도적으로 수행하며 팀에 기여했는가다. 바로 연차와 경력의 차이다.

3. 필수 질문 대비

이직사유, 지원동기, 업무상 강점, 회사의 기여할 수 있는 사항.

이는 면접의 여부를 떠나 응당 이력서를 작성하는 시점에 어느 정도 정리가 되어야 하는 부분이다. 하지만 내 경험상 의외로 이 부분에 대한 명확한 정의 없이 이직을 지원하는 경우가 제법 많다.

이것은 단지 면접의 당락 여부를 떠나 본인 회사생활의 동기부여 및 성장 방향 측면에서도 반드시 고려돼야 할 사항이다. 경력직으로 이직을 하는 경우 연봉 상승, 커리어 계발 등 긍정적인 측면은 분명 존재한다. 하지만 이는 바른 이직의 경우로 한정된다. 사실 이직을 하면 기존의 평판, 선후배와 동기 등 대인관계, 익숙한 프로세스, 업무방법 등 현재 보장된 것들을 내려놓고, 이를 바탕으로 새로운 도전을 하는 것이다.

실제 잡코리아 조사 결과 이직한 직장인들 중 ⅓은 이직을 후회하는 것으로 나타났으며 이직을 후회하는 가장 큰 이유는 막연히 일하기 싫어서 이직을 했을 때(55.8%, 복수응답 가능)가 가장 높다. 이직의 의지와 지원동기를 확고히 했다면 면접 시 예상되는 질문에 대해서도 정리해 보자.

- 회사 지원동기는?
- 이직 시 가장 크게 고려하는 것은 무엇인가?
- (회사별) 이직사유는?
- 당신의 업무상, 성향상 강점은 무엇인가?
- 어려운, 도전적인 업무를 극복한 경험이 있는가?
- 성향상 다른 사람, 직상상사와의 근무 경험 및 갈등 해소 방법?
- 다른 지원자와의 차이점은? 왜 당신을 뽑아야 하는가?
- 당신이 회사에 왔을 때 어떠한 기여를 할 수 있는가?
- 현재 연봉, 희망연봉은? 당신은 얼마의 연봉을 받을 자격이 있

는가?

- 당신의 10년 후 모습, 장기적인 꿈, 마스터 플랜(Master Plan)은 무엇인가?

지원자들의 삶과 경력이 모두 다르기 때문에 각 항목별 세부사항의 답을 주긴 어렵다. 다만 위 질문들에 대한 해답을 고민하며 반드시 고객의 입장에서 접근하라.

일례로 이직사유에서 이전 회사에 대해 갖은 험담을 하는 인력을 좋아할 직장상사가 있을까? 아마 저 사람을 뽑으면 이다음엔 내 뒷담을 하겠구나 생각할 것이다. 모든 것을 아름답게 포장할 필욘 없지만 적어도 부정적, 직설적 표현으로 접근하는 일은 피해야 할 것이다.

고수의 기술,
상황을 뒤집는 마지막 질문

....

면접관 : 면접 간 고생 많으셨습니다. 혹시 회사나 직무 관련 궁금
하신 사항이 있으면 자유롭게 물어보세요.

지원자A : 사실 제가 8월 중순에 해외여행을 계획 중인데, 입사 후
에 휴가를 바로 사용해도 크게 문제없을까요?

지원자B : 해당 포지션 대리~과장급 채용공고가 지속적으로 발생
한 것으로 알고 있는데 기존 주니어 직원들이 지속적으
로 퇴사하는 이유가 있나요?

혹자는 위 예시를 보며 '뭐 저런 눈치 없는 후보자 있어?' 하고 생각할지 모른다. 하지만 이 상황은 2030 후보자를 만나며 가장 많이 접하는 질문 유형이다. 지원자B는 스펙상으론 회사의 JD에 최적의 인물이었으나 면접 후 광탈했다.

회사와 직군마다 면접 방식은 각기 다르지만 통상 마무리하는 방법은 대부분 비슷하다. 위의 상황처럼 마지막으로 질문 기회를 주거나 발언 기회를 주는 것이다. 지원자가 듣기에는 상투적인 질문이라 생각하기 쉽고 이제는 마쳤다는 생각에 긴장을 놓기 쉬운 순간이다.

아울러 면접 시간 동안 정리된 지원자의 인상과 평가를 다시 한 번 확인하는 시간이기도 하다. 면접 내내 시종일관 쭉 경직된 지원자도 있을 것이고 어려운 과정이 끝났다는 마음에 긴장이 풀리는 인력도 있을 것이다.

직설적이고 솔직한 후보자는 궁금했던 것을 대놓고 물어볼 수도 있고 내성적인 후보자는 갑작스런 질문에 우물쭈물하다 마칠 수도 있다. 그렇지만 다르게 생각하면 다른 질문과 마찬가지로 당연히 예상되는 질문이다. 우리가 편하게 생각하기 전 기억해야 할 것은 어떤 분위기든 회사 문을 나오기 전까지 면접은 아직 끝나지 않았다는 것, 지금도 나를 평가하고 있다는 것이다. 사소한 부분 같지만 긍정적이든 부정적이든 의외의 반전이 생길 수 있는 부분이며 이는 우리가 시간을 내어 생각해 봐야 할 이유기도 하다.

무엇을 묻고, 무엇을 어필할 것인가?

그렇다면 면접 시 마지막 질문은 어떻게 접근하면 좋을까?

답변을 준비하는 경우도 있겠지만 경직된 면접 분위기상 잊어버리기도 쉽고 막상 준비한 질문에 대해 면접 중 이미 확인이 된 경우에는 재차 질문하기가 어려울 수 있다. 아무리 우리 민족이 획일화된 교육으로 질문이 어렵다지만 깔아 준 멍석을 그냥 차 버리는 사람을 회사가 좋아할 리 없다. 앞서 말했듯 면접관은 외부에서 고용된 남이 아닌 내 상사, 즉 내 고과권자인 경우가 대부분이다.

그리고 면접의 목적은 성과와 비전, 융합 등 여러 말로 표현될 수 있지만 결론적으론 같이 일하고 싶은 사람을 뽑는 자리다. 갸우뚱한 의구심을 확신으로 바꿔 주고 부족했던 부분을 메꿔 주는 주도적 시간. 즉 마지막 질문보다는 마지막 어필인 셈이다.

1. 회사, 업무에 대한 관심

"오늘 수업은 여기까지 하겠습니다. 질문 있는 사람 있습니까?"

대학 수업 종료 시간, 이 말에 번쩍 손을 들고 질문하는 사람은 반드시 따가운 눈총을 받는다. 시대가 많이 바뀌었지만 한국사회에서 질문을 한다는 건 상대적으로 많은 용기와 주변인들의 핀잔과 미움을 어느 정도 각오해야 하는 일이다. 하지만 질문은 교수에게 확실한 인상을 남긴다. 물론 확실한 인상을 남기는 것은 질문의 깊이다.

앞서 해당 회사에 지원하며 우리는 현 회사의 이슈, 채용경위, 내 직무와의 연관성을 치열하게 고민하고 전략적으로 접근했다. 채용 회사와 사람들을 만나면서 느꼈던 의문점이나 면접과 채용공고에서 명확하게 해답을 얻지 못한 업무상 디테일이 있다면 문의하는 것도 좋은 방법이다.

"금번 채용하시는 포지션 관련, 향후 회사의 사업 방향과 어떤 연관이 있는지 궁금합니다. 현재 해당 상품군을 지속적으로 발전시킬 계획이신지요?"

"제가 알기론 현재 해당 시장이 지속적 불황을 겪고 있는 것으로 알고 있습니다. 귀사에서는 어떤 차별화 전략과 발전 방향이 있으신지 궁금합니다."

물론 홈페이지나 최신 뉴스만 봐도 짐작할 수 있는 부분에 대해서 질문을 하는 건 오히려 관심이 부족한 것으로 보일 수 있다. 앞서 예에서 언급했듯 확실한 인상을 남길 수 있는 것은 질문의 깊이다.

2. 본인 업무와 회사의 교집합, 태도(Attitude) 어필

지원 포지션과 후보자의 경력이 상이할 경우 면접 시 본인의 업무

영역과 다른 부분, 취약점을 집중적으로 묻는 경우가 있다. 소위 말하는 압박면접으로 면접 내내 식은땀을 흘렸다면 마지막 질문이나 발언 기회에 본인이 회사에 지원했던 이유와 강점에 대해 어필하도록 하자.

앞서 언급했듯 면접을 봤다는 것은 후보자가 가진 서류상의 역량이 회사의 니즈와 일정 부분 부합하기 때문에 보는 것이다. 바쁜, 더구나 남의 월급을 받는 근로자인 인사담당자가 절대 '그냥 한번 보지 뭐' 식으로 면접 시간을 할당하는 경우는 없다.

> 지원자 : 우선 좋은 기회 주시고 귀한 시간 내 주셔서 감사합니다. 언급하신 대로 회계 경력은 일부 미흡한 부분이 있지만 2년간 지원팀에 근무하며 동년 직급 대비 경영진의 의사결정을 위한 리포팅 능력, 논리적 사고, 꼼꼼한 성향은 제가 가진 장점이라 생각합니다. 좋은 상사, 동료들과 함께 제 역량을 발휘하고 싶습니다.

3. 업무가 아닌 궁금한 부분에 대해서는 조금만 참아라

드물기는 하지만 몇몇 솔직한 지원자의 경우는 연봉, 복리후생 등의 처우나 조직의 가려운 부분에 대해서 직설적인 질문을 하는 경우가 있다. 면접관의 성향에 따라 진취적이고 긍정적인 부분으로 평가하는 경우도 있겠지만 내 경험을 비춰 봐도 사회적으로는 아직 지나치게 이익을 따지는 태도나 솔직한 돌직구는 긍정적 인상보다는 부정적 피드백을 얻기 쉽다.

직장인에게 연봉은 무시할 수 없는 부분이다. 아니 솔직히 어찌 보면 이직에 가장 큰 이유가 될 수도 있다. 하지만 연봉만을 보고 옮겼다는 인재를 또는 그런 인상을 주는 사람을 어느 누가 좋아하겠는가?

혹여 면접관이 솔직한 답을 준다고 해도 그 대답에 따른 후보자의 반응이 긍정적이든, 부정적이든 부정적 인상을 주기 쉽다. 이득에 관련된 질문들은 '더 좋은 조건이 있으면 바로 옮기겠구나' 기회주의자라는 인상과 '어, 뭔가 좀 특이한데?', '아직 채용이 결정된 것도 아닌데, 너무 김칫국 마시는 거 아냐?' 라는 부정적 인상을 줄 수 있다.

연봉이나 복리후생, 부정적인 질문들은 되도록 주변 인맥이나 채용을 같이 진행한 헤드헌터를 통해서 지원 전 확인하는 것이 필요하며 실제 합격 후 인사담당자와의 연봉협상과 처우 협의 때 확인해 보도록 하자.

흔히 지원자로서 면접관에게 검증을 당한다고 생각한다. 하지만 지원자에게 내가 강조하고 싶은 점은 면접은 반드시 상호적이어야 한다는 것이다. 면접을 포함한 채용 프로세스는 경력 전환, 계발을 위한 하나의 기회다. 거듭 이야기하지만 회사란 조직 역시 사람이다. 어느 회사가 좋냐, 나쁘냐는 사실 연봉, 복리후생, 업무환경 등 여러 것이 복합적으로 결합되어 있다. 여기서 실제 가장 큰 부분을 차지하는 것은 역시 사람이다.

수만 명의 대기업이라도 결국 지금 나랑 같이 일하는 사람이 내 회사생활을 좌우한다. 마찬가지로 지원회사라면 나랑 같이 일하게 될 사람, 지금 내 눈앞에 있는 면접관이 그 회사인 것이다. 헤드헌팅을 진행하며 주니어에게는 면접이 상호적인 것임을, 면접관이 지원자를 평가할 때 지원자 역시 직장상사로서 면접관을 평가하라고 수시로 당부한다.

하지만 경력이 많을수록 흔히 말하는 임원직군의 경우는 오히려 내가 많은 가르침을 얻는다. 시니어일수록 명함을 바꾸는 것의 의미를 보다 진지하게 바라보며, 자신만의 기준과 철학으로 이직할 회사와의 적합성을 고민하기 때문이다.

치열한 기싸움, 연봉협상

항공권에 대한 아픈 기억이 있다. 스카이스캐너와 같은 저가 항공
사로 귀국편을 예약했다가 단 5분 만에 취소했는데 단 돈 5만 원만 돌
려받은 것이다! 반대로 해외영업 근무 때 출발 1시간 전에 전화 한 통
으로 추가 비용 없이 일정을 바꾼 경우도 많다. 같은 비행기에 똑같은
좌석이지만 대우는 천차만별이다.

회사에서도 똑같은 업무를 하지만 동료들의 월급은 제각각 다 다
르다. 문제는 여기서 발생하게 된다. 회사에 입사하는 후보자 입장에
서는 당연히 이전 회사보다 높은 연봉을 받길 희망한다. 그러나 회사
입장에서는 적합한 인력을 싼값에 쓰고 싶어 한다. 인건비 역시 비용
이기 때문이다. 각자의 욕망이 다르기 때문에 갈등을 유발하게 된다.

'감사합니다!' 하고 회사의 처우조건을 넙죽 받아야 할 것인가? 한 푼이라도 아쉬운 게 사람 마음인데 몇 번의 밀당을 통해 10만 원이라도 더 받아야 할까? 갈등 사이에 기회가 있고 협상의 묘미가 발휘되게 된다.

당신은 위치는 어디인가?

직장인에게 최고의 기쁨 중 하나는 연봉인상일 것이다. 굳이 통계를 들 필요도 없이 이직사유, 새해 희망의 1~2순위는 연봉인상이 차지한다. 월급으로 생계를 꾸려야 하는 소시민들에게는 당연한 결과다. 그 때문일까? 면담을 진행하다 보면 과도한 연봉을 요구하는 후보자가 상당히 많다. 단순히 몇백만 원은 예사고 앞자리 숫자를 바꾸는 후보자 또한 상당하다.

우리가 접하는 수많은 영화, 드라마, 스포츠 등 각종 매체에는 장밋빛, 비현실적인 수치들이 가득하다. 가슴 아프지만 인정하자. 우리는 '르브론 제임스'나 '호날두'가 아니다. 내가 팀을 이끌어 우승 트로피를 들어 본 적도 결승골을 넣어 본 적도 없다. 더블은 말도 안 되거니와 20~30% 연봉인상도 사실 영화 같은 이야기다. 현재 회사에서 20~30%

인상을 주장한다면 인사담당자는 웃어 넘기거나 정색을 하며 말할 것이다.

'옆자리에 있는 동료보다 당신 연봉을 더 줘야 하는 이유가 뭐죠?'

그럼에도 불구하고 실제 당신이 입사 지원서에 현실감 없는 기대치를 적는다면 인사담당자는 피식 웃으며 당신의 이력서를 휴지통에 넣을 것이다.

연봉의 적정선은 얼마일까?

우리에게 희망이 없는 것은 아니다. 채용은 후보지인 당신의 니즈가 아닌 철저히 고객사의 니즈에 의해서 발생했기 때문이다. 우수한 인재를 유치하기 위해서는 명확한 비전, 합리적 평가, 조직문화도 필요하고 매력적인 연봉 조건도 빼놓을 수 없는 필수 요소임은 분명하다. 또한 이직은 분명 기회지만 경력직으로서 기존 네트워크, 익숙한 업무와의 작별, 새로운 회사 환경에 적응으로 인한 적지 않은 스트레스와 성과에 대한 압박을 받게 된다.

이는 분명 이직으로 지원자가 겪게 되는 도전들이며 연봉인상이 없다면 군이 회사를 바꿔 가며 리스크를 질 필요가 없는 부분들이다. 내 경험으로 비춰 볼 때 경쟁사, 동종업계로 이직하는 경우에는 현재 연봉 대비 5~10%가 합리적인 수준이다. 기존 회사와 이직하려는 회사가 네임밸류에서 현격히 차이를 보이는 경우, 퍼포먼스가 우수한 경우, 외국계 기업이 공격적으로 한국 시장 마케팅을 하는 경우 파격적인 인상이 있는 경우도 있다.

하지만 이 경우에도 연봉을 비약적으로 한번에 올리기보다는 이직 후 성과에 따라 평균에 수렴하는 방식을 택한다.

연봉협상의 3단계

연봉협상의 첫 번째 조건은 첫 번째 시작에 있다. 경력직 공채나 헤드헌팅을 통해 지원하는 경우 연봉에 대해서 언급되는 경우는 크게 3가지다.

❶ 서류 접수
현재 연봉, 희망연봉에 대해서 서면상 공식적으로 언급하는 경우다. 기억해야 할 것은 반드시 증빙이 가능해야 한다는 점이다. 통상 최종 면접 후 기업에서는 원천징수영수증, 갑근세증명서, 연봉계약서, 건강보험납입증명서 등 후보자의 실제 연봉과 재직여부를 반드시 확인한다. 당연한 것이지만 최초 제출 서류와 상이할 경우, 채용 자체가 취소될 수 있다.

또 하나 기억해야 할 것은 여기서 후보자가 작성한 희망연봉이 후보자가 요구할 수 있는 최대치라는 것이다. 고객사에서 후보자가 마음에 들어 내규에 따라 더 줄 수는 있다. 하지만 후보자가 본인이 서면으로 작성한 연봉보다 더 높은 연봉을 제시하기에는 신뢰도 측면에서 많은 부담이 있다. 때문에 해당 업계와 동년 직급의 연봉을 잘 알고 있다면 그 평균치를, 그렇지 않다면 현재 연봉계약서상 연봉의 12~15%를 높여 제시하거나 희망연봉에 200만 원 정도를 플러스하도록 한다.

다시 한 번 말하지만 제시하는 희망연봉이 허무맹랑해서는 광탈을 피하기 어렵다. 정확한 수치를 적기 어렵거나 현재 재직 회사와 지원 기업의 규모, 연봉테이블이 상이할 경우에는 '회사 내규 협의' 또는 '최종합격 후 협의'로 명기한다.

❷ 면접

중견기업 면접 때는 인사담당자가 그 자리에서 희망연봉을 묻는 경우가 종종 있다. 업무상 난해했던 질문처럼 사실 대답하기 여간 난해한 것이 아니다. 자칫했다간 협상의 폭이 확 줄어들거나 돈만 밝히는 기회주의자로 보여 마지막 인상을 구길 수 있다.

특히 이력서상 '회사 내규 협의' 내지 '최종합격 후 협의'로 기입한 경우 해당 질문을 받을 가능성이 더욱 높다. 실리를 챙기면서도 협상의 여지를 열어 놓도록 하자.

'제 현재 역량과 업계 처우를 고려해 동기부여가 될 수 있게 책정되었으면 합니다.'

부드러운 임원분이면 최종 처우로 공을 넘길 것이고 까탈스럽거나 압박에 목적이 있다면 정확한 수치를 다시 한 번 물을 수 있다. 그때는 앞서 언급한 합리적 수치를 언급하자.

❸ 최종합격 후 처우 협의

내가 접한 자기 계발서나 이직 관련 도서를 참고했을 때 후보자가 생각하는 120%와 고객사가 생각하는 100%에서 2~3차례 조정할 것을 권한다. 연봉인상은 모든 직장인의 꿈이다. 하지만 무리한 연봉인상은 후보자에게 독이 될 수 있다. 회사의 입장에서는 높은 비용이 발생한 인력에 대해서는 당연히 높은 성과를 요구하게 된다.

아울러 단순 희망치로 몇백만 원 올리는 것은 면접 끝에 결정한 회사의 결심을 흔들리게 할 수도 있다. 그래서 필요한 것이 철저한 논리다. 현 회사의 연봉인상률, 고정 인센티브, 연차 및 진급대상 여부 등 당신이 연봉인상 때 작성하였던 사유에 걸맞은 철저한 고증이 필요하다. 다른 회사에 중복 합격했거나 기존 회사 대비 연봉 외에는 경력과 기회 면에서 큰 메리트가 없는 경우 입사를 포기할 수 있다면 과감히 패를 던져 볼 수도 있다.

하지만 조금이라도 갈 마음이 있다면 크게 추천하지는 않는다. 결국 후보자와 여러 차례 갈등 끝에 연봉인상을 한 인사담당자, 현업 팀장은 내 미래의 직장상사, 동료임을 기억해야 할 것이다.

첫 시작부터 '어디 한번 해 보시지?' 하는 마당에서 성과를 낼 수 있는 사람이 몇 명이나 될까? 진상은 한 번으로 족하다. 작은 것을 얻기 위해 큰 것을 잃지 않길 바란다.

연봉협상과 입사 일정까지 확정되면 통상 회사에서는 오퍼레터를 발송한다. 오퍼레터에 사인을 했다면 이제 한시름 놓아도 좋다. 축하한다. 당신은 원하던 회사에 합격했다.

지원한 회사로부터 연봉을 제안받았다면 실제 득실여부를 따져볼 필요가 있다. 이때 주의할 것은 단순히 산술적 비교가 아니라 업계 전망, 인더스트리별 연봉 차이, 평균 인센티브 등을 면밀하게 살펴야 한다. 다음 페이지는 최종합격 후보자의 의사결정에 도움을 주고자 만든 연봉협상 비교테이블이다. 참고하여 득실여부를 따져 보자.

연봉협상 비교 Table

표에서 보듯이 승진 및 입사 회사의 인센티브가 반영되는 해당연도도 동시에 비교해야 보다 객관적으로 연봉의 적정성 여부를 파악할 수 있다. 이후 해당 표를 보고 지원자 혹은 회사의 입장에서 이해관계, 논리에 대해서 정리해 볼 필요가 있다.

항목	현재 (2019년, 1월 입사 시 기준)			
	❶ 입사 예정사	❷ 재직사	인상율(❶/❷ -1)	차이(❶-❷)

A. 연봉

직급	과장	대리		
기본연봉	4,800	4,500	6.67%	300
인센티브		450		450
A. 기본급+인센티브	4,800	4,950	-3.03%	150

B. 기타 수당 및 복리후생

교통비		50		50
복리후생	100	90		10
B. 수당 및 복리후생 합계	100	140	-28.57%	40
총계(A+B)	4,900	5,090	-3.73%	190

■ 후보자 입장 1. 19년 1월 입사 시 2월에 받는 인센티브(연봉 10%, 약 500만 원)를 포기하고 감.
2. 진급, 연봉인상 예정(약 400만 원)으로 현 연봉계약 기준이면 6~7개월 후면 오히려 재직사보다 낮은 연봉을 받음.
■ 고객사 입장 인센티브, 복리후생 반영 시 절대적 우위

1년 후 (2020년, 과장 진급 시 기준)				비고
❶ 입사 예정사	❷ 재직사	인상율(❶/❷ -1)	차이(❶-❷)	
과장	과장			재직사:19.3월 과장 진급 예정
4,800	4,900	-2.04%	100	**연봉계약 기간** - 재직사 : ~19.06 진급 시+300, 연봉인상 3% 가정 - 예정사 : ~20.02까지 연봉 고정
960	490		470	- 재직사 : 10% 기준, 매년 2월 지급 - 예정사 : 19년 인센티브 미지급, 20년 인센티브 지급
5,760	5,390	6.86%	370	
	50		50	- 재직사 : 교통비 50만/년 - 예정사 : 실비 지급(교통비, 출장비)
100	90		10	- 재직사 : 설, 추석, 휴가비 - 예정사 : 복리후생포인트 및 휴대폰 사용료
100	140	-28.57%	40	
5,860	5,530	5.9%	330	

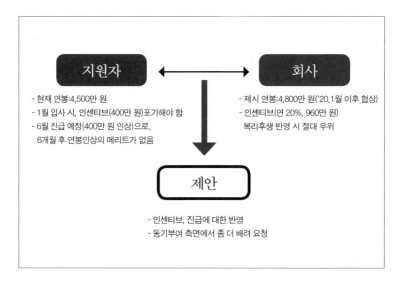

- **지원자 입장 (상기표에 갈색 표기)**
  - 19년 1월 입사 시 19년 2월에 받는 인센티브(연봉 10%, 약 400만 원)를 포기해야 함.
  - 19년 진급, 연봉인상 예정(약 400만 원)으로 현 회사 제시 연봉계약 기준이며, 6~7개월 후에는 오히려 재직사보다 낮은 연봉을 받게 됨.

- **회사 입장 (회색 표기)**
  - 기본급은 전 회사 대비 미흡할 수 있으나 인센티브(평균 20~30%), 복리후생 반영 시 절대적 우위임

  위의 표만으로 봤을 때 지원자에게는 이직이 연봉상으로도 이득임을 알 수 있다. 이때 실리를 챙기는 방법은 지원자의 입장에서 손해 보는 측면(연봉, 인센티브)에 대한 반영 및 동기부여 측면에서 재고를 부탁하는 것이 현명한 방법이다.

단, 유선이든 이메일이든 대면이든 지원자가 반드시 해당 회사에 입사할 의지가 있어야 하고, 회사측에서 반드시 입사할 것이라는 믿음을 심어 줘야 한다.

다시 말해 이 사람이 이득에만 밝은 사람이 아니라 본인의 이해득실을 따지는 협상에서도 커뮤니케이션 능력, 태도를 보유한 놓치고 싶지 않은 인재라는 점을 보여야 하는 것이다. 결국 협상의 폭은 양극에서 합의점을 찾아 점점 좁혀 가는 것임을 기억해야 한다.

평판조회

　잡코리아에 따르면, 기업의 약 40%가 경력직 채용 시 평판조회를 진행한다고 한다. 이는 중소기업, 공기업을 포함한 수치로, 대기업(51.6%)과 외국계 기업(58.6%)만을 놓고 보면, 절반이상 평판조회를 진행하는 것을 알 수 있다. 평판조회의 방법에는 직속상사 문의 (43.0%), 인사담당자 문의(37.7%), 개인 SNS 방문(27.2%), 이전 직장 동료에게 문의(21.2%)를 활용하는 것으로 나타났다.

　합격 후 내부 품의를 위한 과정으로 이해하는 후보자들도 있으나 평판조회의 초점은 합격예정자의 장점보다는 단점, 면접에서 확인하지 못한 조직생활 및 적응력에 초점을 맞춘다. 실제 조사 참여 인사담당자의 절반 가량은 채용이 거의 확정된 상태에서 평판조회를 통해 채용을 취소한 이력이 있다고 응답하였다. 내 경험상, 평판조회의 동의서를 접수하는 과정에서 채용 프로세스 자체를 포기하는 인력도 종종 있었다. 단정할 수 없지만, 현 회사에서 감사나 기타 다른 이슈로 부득이하게 퇴사한 경우가 대부분이다.

　평판조회의 진행과정은 합격예정자의 동의서를 접수한 후, 합격예정자가 지명한 인력 2~3명 및 필요에 따라 합격예정자가 지정하지 않은 무작위 인원 2~3명에게 평판조회를 진행하게 된다. 약식의 경우 1장 선에서 마무리되지만 용역으로 수행하는 경우 한 인력에 대해서 A4 7~9장의 분량이 된다. 결국 평판조회를 진행하는 시점에는 어쩔 수 없이 친한 동료에게 만이라도 이직 여부를 털어놓을 수밖에 없게 된다.

　다음은 평판조회 업체나 헤드헌터를 통해 진행하게 되는 평판조회 항목이다.

1. 합격예정자(후보자) 경력 및 학력 사항

후보자가 이력서에 제출한 학력, 경력 사항의 진위여부를 확인한다. 후보자가 외국 대학을 졸업한 경우, 별도로 학력조회 서비스를 의뢰하기도 한다.

2. 종합 평가 및 각 항목별 Summary

평판조회를 진행한 컨설턴트가 참고인(통상 지정참고인 2명, 비지정참고인 2명)의 의견을 종합하여, 평판조회 항목에 대한 종합 Summary 보고서 및 의견을 첨부한다.

3. 평판조회 항목

참고인의 의견을 녹취록 수준에 준하게 작성한다. 회사마다 선호하는 바가 다르나 통상 참고인의 어조, 뉘앙스 파악을 위해 문어체보다는 구어체를 선호한다.

> 1. 참고인 선정 기준 및 후보자와의 관계
> 2. 직무 전문성
> 3. 자질/품성/대인관계
> 4. 장단점
> 5. 리더십 및 조직관리 능력
> 6. 조직적합도, 커뮤니케이션 스킬
> 7. 이직사유 및 추천 의사
> 8. 도덕성, 감사, 규정 준수 사항
> 9. 기타 의견

회사에서 평판조회를 하는 이유는 업무 능력, 조직적응력, 태도를 보기 위함이다. 주지하다시피 회사 인사담당자도 2~3회 면접을 통해서 대략적인 후보자의 프레임을 가지고 있는 상황에서 면접 시 보여 줬던 모습과 아예 다른 결과는 오히려 부정적인 영향을 줄 가능성이 있다.

chapter
six

아름답게 기억되는 퇴직,
멋지게 적응하는 이직 후

memo.

사표는 언제 내야 하는가?

지원회사와 연봉협상 후 평판조회(Reference Check)까지 마쳤다면 지원회사로부터 오퍼레터를 접수할 것이다. 축하한다. 이제 이직 프로세스의 8부 능선을 지났다.

여기서 잠깐, 8부 능선이라고? 합격 통보까지 받았는데 아직도 8부 능선이라고?

인정한다. 이제 힘든 프로세스들은 다 넘었고 완만한 길만 남았다. 사실 큰 이변이 없는 한 당신이 지원한 회사에 입사하지 못하는 경우는 없을 것이다. 하지만 산행에서 실제 다치거나 사고를 당하는 것은 오히려 오르막길이 아닌 경우가 많다. 긴장의 끈을 놓았다가는 엄한 사람들과 원수 관계가 되거나 심지어 입사가 취소될 수도 있다. 그렇기 때문에 이제 남은 일들은 정말 운영의 묘미가 필요하다.

앞에서 언급한 바와 같이 이직을 준비하며 오퍼레터를 받기 전까지 절대 현재 회사 동료들에게 카드를 보여선 안 된다.

마키아벨리는 고전이 된 그의 저서『군주론』에서 운명은 저항할 준비가 되어 있지 않은 곳에서 위력을 발휘하고 그 힘을 저지하기 위해 쌓아 둔 둑이나 제방이 없는 곳을 찾아내 위세를 떨친다고 했다. 마음을 털어놓고 도움을 줄 수 있을 정도로 끈끈한 선후배가 있다면 모를까, 주변의 친한 동기나 선배가 악의를 품어서라기보다 전혀 예상하지 못한 부분에서 수가 틀릴 수 있음을 주의해야 한다.

오퍼레터를 손에 쥐었다면 이제는 당신 회사에 처음으로 퇴사에 대한 경위와 결심을 설명할 차례다. 철들고 처음 아버지를 설득할 때처럼 여간 불편한 주제가 아닐 수 없다. 이제껏 경험해 보지 않은 일이고 다시 경험하기에도 썩 달가운 일은 아니다. 그렇다고 마냥 시간을 끌 수도 없다. 오퍼레터에 사인을 한 순간 지원회사는 더 이상 남이 아니다.

내가 실랑이를 하고 면접 때 어필했던 면접관들이 이제 내 상사이자 동료다. 즉 지금 당신은 현재 회사에서도, 앞으로 일하게 될 회사에서도 평가되고 있다.

우린 알고 있다. 어려운 문제일수록 때론 단순하게 정직하게 행하는 것이 정답임을.

곧장 직장상사, 파트장, 팀장에게 최대한 예의를 갖춰 진솔하게 털어놓자. 나중에 알면 서운해할 지인들이라도 그 후에 인사하면 된다.

절대 피해야 할 3가지

직장상사의 스타일에 따라 여러 가지 반응을 볼 수 있다. 그동안 고생 많았다며 직장상사가 아닌 인생선배로 조언을 해 주는 호인, 불같이 화를 내며 당신을 저주해서 일말의 주저함을 해소해 주는 상사, 제3자 보듯 냉담하게 대하는 냉혈한 등 사람의 성향에 따라 다양한 반응들이 있겠지만 이직사유, 입사시기 등 대부분 물어보는 내용들은 비슷할 것이다.

이에 대해 각 성향들에 맞게 진정성 있지만 단호하게 대처하길 바란다. 다음 내용은 직장상사, 인사담당자와의 면담 시 절대 피해야 할 사항이다. 오퍼레터 수령을 8부 능선이라 부른 이유이며 3 Round까지 판정승으로 앞서다가 10초 남기고 KO 당할 수 있다.

• 재직 회사에 대한 혹평

앞서 면접, 이직동기 챕터에서도 강조한 바 있다. 재직 회사, 학교 및 출신에 대한 비방은 절대 금물이다. 시대적 흐름에 따라 약해지는 것으로 보이지만 변하지 않는 필수요소 중 하나는 로열티이며 협업 능력이다. 어느 조직도 본인이 몸담고 있는 조직을 험담하며 조직의 융화를 방해하는 투덜이를 선호하지 않는다. ○○부장 때문에 힘들었다고? 만약 당신이 충실한 직장생활 끝에 이렇게 속마음을 내비친다면, 당신은 재직기간 중 가식적이고 기회주의적인 사람이 되는 것이다.

예전 회사 선배가 들려주던 말 중에 섬뜩한 말이 있다.

'내가 너 성공은 못 시켜 줘도, 네 앞길은 막을 수 있어!'

적을 만들지 않는 것이 동서고금의 진리다.

• 카운터오퍼

'그래 연봉도, 고과도 많이 서운했지. 다 알지, 김 대리가 얼마나 잘하는지. 이번 고과랑 연봉협상 때 다 반영해 줄게. 딱히 그 회사가 장점이 있거나 우리 회사에 불만이 있는 것도 아니잖아.'

조직문화에 큰 불만이 없고 명확한 이직의 목적이 아닌 연봉, 고과 등 부수적인 이유로 이직을 고려했다면 상당히 매력적일 수 있는 제안이다. 하지만 카운터오퍼는 '꿀사과'보다는 '독사과'에 더 가깝다.

상식적으로 생각해 보자. 이별을 통보한 연인에게, 지푸라기라도 붙잡고 싶은 마음에 명품 백을 선물했고 연인은 당신에게 돌아왔다. 당신은 그 연인을 예전처럼 볼 수 있겠는가?

회사에서 카운터오퍼를 하는 이유는 다양하다. 먼저 숙련된 경력직을 지키려는 회사의 니즈, 인사담당, 현업 임원의 올해 KPI, 조직 분위기 및 평가 등. 하지만 그건 회사의 입장이고 당신의 입장에서 보면 결과는 명확하다.

'당신의 로열티는 의심받았고 조직은 더 이상 당신을 이전과 같이 보지 않는다.'

나쁜 선배야 당신이 말할 일도 없거니와 만약 당신이 평소 좋은 선배이자 형과 같은 K과장에게 마음을 털어놓았다 치자. 맘 좋은 선배는 고민하는 당신에게 진심 어린 조언과 격려를 해 주었고 면접을 위한 갑작스런 반차에도 내 편을 들어줬다. 근데 고과 시즌이나 부서 이동 시즌에는? 그 선배의 마음속에 당신은 여전히 1순위일까?

• 책임 없는 통보, 퇴사

통상 재직 중인 인원의 퇴직기간은 최종합격 통보 후 4주 정도로 잡는다. 이는 현재 회사에서 퇴직 통보 및 책임 있는 인수인계를 위해서다. 사실 퇴직을 통보하고 이미 마음이 떠난 회사에서 근무하는 것이 쉬운 일은 아니다. 하지만 아무리 당신의 이전 회사생활이 찬란하다 해도 사람들은 마지막 모습을 기억한다. 무엇보다 당신은 프로가 아닌가?

회사의 급여를 받는다면 퇴직 시까지 직무를 다하는 것이 프로의 식이다. 떠날 때 박수 받고 떠나라. 언제 어떻게 볼 지 모른다. 그래서 사회생활이 무섭다. 또한 어느 업계든, 한 다리 건너면 대략 다 안다. 이 바닥은 정말 좁다. 당신의 생각보다 더.

회사생활이 결정되는 이직 후 한 달

'안녕하십니까. 금일 입사한 ○○○입니다.'

어느 정도 사회생활에 익숙해졌다 생각했지만 환경이 바뀐 탓일까? 그토록 원했던 이직의 순간이었지만 내 자리가 아직은 낯설기만 하다. 긴장감을 가지고 신입사원처럼 부서원들에게 인사한 것도 잠시, 파트장의 소개 후 모니터만을 뚫어지게 보고 있다.

각종 프로세스와 업무 자료들, 처음에는 흥미롭게 봤지만 며칠 째 보려니 마치 벌서는 기분이다. 반대로 컨설팅사에 입사한 L씨는 통성명을 함과 동시에 각종 회의와 업무에 바쁘다. 익숙했던 업무지만 아직 조직 성향이 파악되지 않아서인지 예전과 같은 시간에 마치기는 만

만치 않다.

정확히는 하나하나 평가받는다 생각하니 더 긴장되는 듯하다. 같은 업무 시간이고 같은 공간에서 일하고 있지만 조직원과 나의 시간은 다른 것만 같다. 시간뿐 아니라 느끼는 공기도 표정도 아직은 다르다. 입사 후 한 달은 서로의 속도를 맞추는 시기다. 이 시기에 이번 회사생활의 명운이 결정됨을 명심하자. 내가 추천하는 조직생활에 녹아드는 방법은 아래와 같다.

1. 개성은 적응 후에 드러내도 늦지 않다

앞서 면접 시 강조한 것처럼 사람의 첫인상은 10초 내에 결정된다. 그렇다면 한 번 인식된 부정적인 인상이 변하는 데는 얼마의 시간이 걸릴까?

퍼스널 브랜딩 전문가인 YHMG 윤혜미 대표의 강연에 따르면 무려 7개월이다. '이 친구 개성 있는데?'는 대부분의 기성세대에게는 긍정적인 표현보다는 부정적 인식을 포함한다.

실제 내가 현업에 재직할 때 공휴일에 출장 간 선배가 반바지를 입고 비행기를 탔던 것이 파트장님에게 여러 날 지적되곤 했다. 입사한 첫날부터 비합리적이니, 꼰대라느니 따지는 것은 이치의 여부를 떠나 분명 당신에게 손해다.

다소 과도할지 모르는 당신의 패션센스는 잠시 감추고 조직에 융화되도록 노력하자. 그렇다면 가장 이상적인 복장은 무엇일까? 소속팀의 책임 급에 맞추면 크게 거슬리지 않고, 너무 프리하지도 않을 것이다.

2. 만남의 자리를 많이 가져라

기술의 발달로 편리함과 효율성이 강조되는 시대다. 실제 사람과의 만남보다는 SNS나 카톡이 대세가 된 시대다. 대면보다는 전화가, 전화보다는 메신저가 더 편한 것은 사실이다.

하지만 아직 인맥이 구축되지 않은 상태에서 당신이 찾을 것은 효율성이 아니다. 눈을 마주치는 것, 대화를 하는 것, 사적인 대화를 하는 것은 인맥에도 비즈니스에서도 중요하다.

센트럴 플로리다 대학의 토마스 부어에 따르면 상대방과 눈을 마주치면 신뢰받기 더 쉬워지고 나아가 지적인 사람, 가치 있는 사람이라는 인식을 심어 주기 더 쉽다고 한다.

『질문이 답이다』의 저자 앨런 피즈에 따르면 뇌에 전해지는 정보의 87%는 눈을 통해, 9%는 귀를 통해, 4%만이 다른 감각기관을 통해서 이뤄진다고 한다. 직접 마주 보고 대화하는 것은 이렇게 큰 차이가 있다. 메사추세스 공대의 마치치야프 짐블러가 한 실험 또한 만남의 중요성을 보여 준다. 동성커플 110쌍이 15분간 얼마나 대화를 나눴는지 측정한 결과 대면한 경우에는 1500.84단어, 채팅에서는 176.8단어만 썼다. 매체의 대화 내용이 10분의 1로 줄어드는 것이다.

오늘날 스카이프(Skype), 웹엑스(Webex) 등 출장을 대신할 수 있는 많은 클라우드, 플랫폼의 홍수 속에서도 굳이 큰 비용을 감수하며 해외 출장을 가는 이유다.

3. 아부는 상사에게만 하는 것이 아니다

경력직의 적응 시 가장 큰 문제는 무엇일까? 인간관계와 더불어 업무가 가장 큰 문제일 것이다. 정확히는 그 회사에서 일하는 법이다. 각 회사마다 회사에 따른 문화가 있고 위임전결, 프로세스와 플랫폼 시스템이 있다. 전 회사에서는 관습과 프로세스대로 처리하던 일들을 이 회사에서는 헤매게 된다. 바로 그 관습과 프로세스를 모르기 때문이다. 이런 세부내용을 신입사원처럼 사수에게 매번 물어보는 우를 범치 않기 바란다.

적어도 이 회사에서 일하는 법에 있어서는 후배가 당신의 선배다. 그리고 당신의 상사는 당신이 그 후배를 어떻게 대하는지를 눈여겨볼 것이다. 그게 당신의 진면목이라 생각한다. 솔직히 부족함을 인정하고 도움을 청하라. 가려운 곳을 긁어 주는 만큼 당신도 후배의 가려움을 긁어 줘라. 회사생활에 가장 빠른 적응은 가까운 사람부터 내 편으로 만드는 것이다.

4. 헤어진 회사는 잊어라

입사해서 업무를 진행하거나 회식, 회의 등 대인관계의 자리에서 보기 싫어도 이전 직장과 다른 여러 장단점을 보게 될 것이다. 장점의 경우 의도적 아부라는 느낌만 들지 않는다면 얼마든지 어필해도 좋다.

아울러 단점에 있어서는 보다 신중하도록 하자. 특별히 이전 회사가 현재 회사보다 연봉이나 처우가 좋았다면, 더 합리적이었다면, 불평 섞인 불만은 아예 입 밖에도 꺼낼 생각을 말자.

혹자는 '그전 회사 경력을 보고 뽑은 것 아니야?' 하고 말할지 모른다. 맞다. 하지만 회사가 당신에게 바란 건 선진 기술과 업무역량이지, 거들먹거림과 현 직원의 사기저하가 아니다.

S전자 직원이 중견기업에 가서 복리후생, 인센티브를 언급한다면 과연 좋아할 직원이 누가 있을까?

5. 누구든 이길 생각 마라

〈미생〉 정도의 리얼리티가 아니라면 드라마나 만화의 직장생활은 꿈과 같다. 30대 잘생긴 상무, 회장님이 계신 자리에서 팩트로 경쟁 부서를 제압하는 팀장, 회의 때 임원에게도 직언하는 신입사원까지. 어느 정도 시원함과 대리만족은 있을지언정 현실에서는 커피타임의 수다거리로만 남겨 두자.

회사에서 적을 만드는 것만큼 위험한 것은 없다. 흔히 잘나가는 직장인들은 라인을 탄다. 그리고 그 이익에 맞는 목소리와 정치를 한다. 기억하자. 당신은 지금 라인도 편도 없다. 싸움도 같이 때려 줄 사람이나 말릴 사람이 있을 때 하는 것이다.

설령 당신이 이기더라도 남는 것이 없을 가능성이 크다. 더구나 상사를 이기려는 것은 정말 무모한 생각이다. 당신의 인사권은 물론 고과권과 업무 배분 권한까지 가지고 있음을 명심하자. 직장생활에서 가장 빠른 출세가도는 당신의 상사를 승진시키는 것이다.

경력직 이직 성공의 4가지 조건

새로운 만남은 설렘과 동시에 두려움을 불러일으킨다. 구관이 명관이라고 그토록 싫어서 또는 경력 계발을 위해서 새로운 선택을 했지만 첫 입사 후 일정 기간 동안 선택에 대한 확신보다는 의구심이 좀 더 자리 잡는 시기이기도 하다.

설령 확신으로 가득 차 있다고 해도 새로운 조직에서 적응하며 나아가 인정받기까지는 이전 익숙했던 직장과는 다른 차원의 긴장감을 불러일으키기에 충분하다. 이전에 일사천리로 진행하던 일도, 옆 동료의 반응을 살펴야 하고 회의나 회식에서도 조직의 분위기와 각 구성원의 성향을 모르기 때문에 조심스럽기만 하다.

심지어 메일 참조자나 휴가 같은 자질구레한 것들도 막내직원에게

넌지시 물어봐야 한다. 내가 직장생활을 할 때 경력직으로 조직에 안정적으로 정착한 분들은 20% 내외였다. 보수적인 기업 문화도 한몫했지만 16년 차 사수의 표현을 빌리면 '로열티'와 '일머리'의 차이였다.

이상한 것은 채용된 경력직 대부분이 현 재직인원보다 학벌이나 스펙 면에서 더 우수하다는 것이다. 통상 경력직을 채용할 때는 대규모 인력 충원의 경우가 아닌 이상, 현재 재직 인력보다 우수한 인재를 뽑는다. 하지만 스펙이 성과에 비례하는 것은 아니다. 또한 기존 직장의 성과가 현재 성과를 보장해 주는 것 역시 아니다. 우리는 잘나가던 프로선수가 이직 후 몸값을 하지 못하는 경우를 수없이 봐 왔다. 당신의 빠른 Soft Landing(안정적인 정착)을 응원하며 아래 내용을 한 번 생각해 보자.

1. 사람들은 생각보다 당신에게 관심이 없다

조명효과(Spotlight Effect)라고 부르는 심리현상처럼 우리는 머리 위에 스포트라이트가 쏟아진다 생각하며 다른 사람의 시선에 필요이상의 신경을 쓴다. 사람들이 나를 주시하고 있다고 생각하지만 정작 우리를 보고 있는 것은 남이 아닌 자기 자신이다. 당신을 항상 보고 있다는 말은 반은 맞고 반은 틀리다. 적어도 지금보다 조금은 긴장을 풀고 편하게 있어도 괜찮다.

2. 애정이 없다면 지적하지 않는다

나이토 요시히토의 『직장의 고수』에서는 '뭐 이런 것 까지?' 하는 사소한 내용에서 디테일을 뽑아낸다. 갓 입사한 내가 해야 할 것은 상사와의 논쟁이 아니다. 상사의 지적에 성실한 태도로 임하는 것이다. 기억하자. 입사 후 칭찬만 들을 수는 없다. 아쉬운 소리를 하지 않고 자신을 방치하는 것을 오히려 더 두려워하라. 아울러 효율적인 조직 적응을 위해 아래 내용을 제안한다.

3. 관계가 먼저다. 먼저 주어라

행복전문가인 에드 디너 교수는 「매우 행복한 사람」이라는 논문에서 222명의 사람들을 대상으로 그들의 행복지수를 추적했다. 그중에서 가장 행복하다고 답한 상위 10%의 사람들에 대해서 집중 분석하였고 그들을 나머지 90%와 비교했을 때 가장 큰 차이점이 관계에 있다는 것을 발견했다.

이는 행복에만 국한된 것이 아니다. 탁월한 성취를 이뤘거나 커다란 역경을 이긴 사람들에게도 거의 예외 없이 '누군가'가 있었다. 이직은 기존의 경력을 통해 능력은 인정받았지만 현재 직장에서 새로운 관계를 쌓아 나가는 시간이다. 이것은 며칠을 밤샌다고 얻을 수 있는 것이 아니다. 첫인사, 회의 시 미소, 대내 전화응대, 회식 등 지속적으로 쌓아 가는 것이다.

4. 프로는 성과로 말한다

경력직으로 회사에 입사한 이상, 업무가 아예 낯설지는 않을 것이다. 영업, 마케팅, 사업관리, 법무 등 동종업계에서 운영되는 지원업무, 매출활동 등은 대동소이하기 때문이다.

업무의 성격은 동일하지만 각 회사마다 일하는 방식은 천차만별이다. 미안하지만 설령 당신이 핵심인재일지라도 그 회사에 특화된 인재일 가능성이 높다. 새로운 회사에서는 당신을 지원사격해 주던 사수도, 동기도, 호형호제하던 선후배도 없다. 기존의 경험으로 설득할 수 있던 실적이나 기존의 판례들에 대해서도 아는 바가 없다.

전화 한 통으로, 커피 한 잔, 퇴근 후 맥주 한 잔하며 수월하게 하던 일도 정석, 절차대로 밟아야 하는 시기다. 먼저 회사의 언어와 프로세스를 익혀 두는 것이 좋다. 명확하지 않은 부분이 있다면 지레짐작하기보다 부서의 동료들에게 꼭 물어라.

이직한 지 1~2주 차 때 묻는 것은 흠이 아니지만 입사하고 시간이 지날수록 질문은 원치 않게 흠이 되는 경우도 있다. 앞서 언급한 『프레임』에서 최인철 교수는 지혜의 정의를 '한계를 인정하는 것'이라 언급했다. 업무도, 인간관계도 손에 제법 익숙해졌을 때 비로소 제 역량을 펼 수 있다. 익숙해지기 전까지는 되도록 빠른 시행착오를 겪어라.

5. 빠르게 융화되라

경력직으로 채용됐다면 기존 조직에 충원되는 경우도 있지만 신규 조직 셋팅으로 팀이 새로 꾸려지는 경우도 있다. 경우야 다르지만 직장상사에게 인정받는 방법은 무엇일까?

최근에 다소 퇴색되었지만 현재도 강력한 영향력을 발휘하는 것은 바로 로열티다. 합리적이고 스마트한 것과는 다소 거리감이 느껴질 수 있겠지만 실제 대한민국에서는 이 로열티에 따라 기회를 제공해 주고 고과를 매긴다.

직장생활을 편하게 하려면 어떻게 해야 할까?

가장 좋은 방법은 직장상사를 내 편으로 만드는 것이다. 직장은 동아리가 아니다. 사람만 좋아서도 일만 잘해서도 안 된다. 상사에게 위협적인 인재를 좋아할 상사는 없다. 하극상과 대립각은 극단의 결과를 낳을 뿐이다. 또한 상사가 하나하나 알려 주며 끌고 가야 하는 인력을 반길 맘 좋은 상사도 드물다. 상사의 가려운 곳을 긁어 주고 궁극적으로 상사가 승진할 수 있도록 최선을 다해라.

회사는 매출이 생명이다. 직장인에게 매출은 본인 팀의 실적, 개인의 성과이며 직장인에게 회사는 본인 팀과 상사다. MBO도 KPI도 인센티브도 첫째로 따지는 것이 조직이며 당신의 1차 고과자는 당신의 직속 상사이기 때문이다. 철저하게 해당 팀원이, 회사의 사람이 돼라. 전 회사는 잊어라.

사람 사이에서 미운털이 박히는 가장 좋은 방법이 무엇일까? 상식
선을 지키는 범위 내에서 가정한다면 미운오리새끼 플레이가 아닌가
싶다.

　　'전 회사는 안 그랬는데', '이건 원래 이렇게 일해야 해', '도대체 이렇
게 어떻게 일해?'

　　경력직을 채용한 이유는 성과와 더불어 새로운 인사이트를 얻고자
하는 부분도 분명 있다. 하지만 전 회사를 들먹거리며 조직을 와해시
키는 인력을 반길 사람이 어디 있을까? 전 회사 이야기는 OB와 만남에
서만 언급하는 것으로 족하다. 로마에 왔으면 로마법을 따르라. 조직
에 철저히 융화돼야 한다.

chapter
seven

이직 후,
또다시 준비하는 이직

memo.

이직 후 준비하는 두 번째 이직

'회사생활이 다 똑같죠, 건강하시고요?'

합격한 후보자들에게 이직 후 한 달이 지난 시점에 회사생활은 잘하고 계신지, 인사팀에 말 못 할 고민은 없는지 안부인사 차 연락하면 가장 많이 듣는 대답이다. 회사에 지원하고 면접을 준비할 땐 그토록 원하던 기업이었지만 후보자의 말처럼 한 달이 지나고 보니 회사생활은 기존 대비 크게 다르지 않다.

연봉도 매력적으로 보였지만 여전히 통장을 스쳐 갈 뿐 예전과 다르게 체감되지 않는다. 구관이 명관이라는 말처럼 나를 그토록 힘들게 했던 이전 직장동료는 그래도 착한 사람, 능력 있는 사람이었다. 적어도 지금 내가 겪고 있는 답 없고 답답한 상사에 비하면 말이다.

반대로 이전 직장에서 일하던 방식이 너무 익숙한 탓에 현 직장의 삶과 일 처리 방식들이 낯설게 느껴질 수도 있다. 매너리즘과 고민 끝에 더 매력적인 제안, 못 견딜 상황이 오면 주말마다 다시 채용사이트를 검색하는 자신을 발견한다.

어디선가 익숙한 모습이지 않은가? 바로 1장에서 이야기했던 첫 회사에서 겪었던 직장인 사춘기, 이직의 사이클을 반복하는 것이다.

사실 직장생활은 어느 회사나 대동소이하다. 위기가 아닌 경우는 단 한 번도 없었으며 KPI는 비현실적이고 달성하기 어렵다. 그리고 어떻게 저 사람이 면접을 통과했을까 의심스러운 오만군상의 사람도 많다. 그렇다면 반복되는 업무 속에 요 몇 년을 버티며 똑같은 고민을 반복할 생각인가?

주관이 없다면 흘러가기 쉽다. 흘러가다 보면 어느새 내가 닮고 싶지 않던 회사의 상사를 이해하다, 그와 같이 닮아 있는 자신을 발견할 것이다.

앞서 본 것처럼 변화하는 현시대에 대기업도, 공무원도, 스펙도 우리가 그토록 꿈꾸던 안정성과 연봉을 만족시키지 못한다는 것을 봤다. 뒤집어 보면 현재 내가 노력해 입사한 이 회사도 평생직장이 아님은 자명한 일이다.

이직을 준비하라

'여러분은 지식이 증가하고,

경험이 늘어남에 따라 더 유연해졌습니까?'

'여러분은 지식이 증가하고,

경험이 늘어남에 따라 더 관용적인 사람이 되었습니까?'

'여러분은 지식이 증가하고,

경험이 늘어남에 따라 가족이나 이웃들과 더 잘 지내게 되었습니까?'

'여러분은 지식이 증가하고,

경험이 늘어남에 따라 눈매가 더 그윽해졌습니까?'

'여러분은 지식이 증가하고,

경험이 늘어남에 따라 더 생기발랄해졌습니까?'

'여러분은 지식이 증가하고,

경험이 늘어남에 따라 상상력과 창의성도 더불어 늘어났습니까?'

만약 이 질문들에 "예!"라고 대답하지 못한다면 지식이나 경험은 도대체 무엇입니까?

최진석 교수의 명저 『인간이 그리는 무늬』 중 지식과 경험의 효용성에 대한 철학자의 질문이다. 그렇다면 나도 독자에게 묻고 싶다.

'여러분에게 일은 무엇입니까?' 질문은 짧지만 모든 근본적인 질문이 그러하듯 묵직하다. 그렇기에 대답하기가 쉽지 않다.

가족의 생계와 먹고살기? 그것은 월급에 대한 설명이다. 만약 이 근본적인 질문에 답을 찾지 못한다면 회사생활이 조금 힘들어지거나 좀 더 매력적인 연봉제의와 같은 기회 때마다 마음이 휘둘릴 것이다. 세상에 공짜는 없고 기울어진 균형은 바로 잡히기 마련이다.

한순간 연봉이 파격적으로 높게 책정됐더라도 몇 년이 흐른 후 상 승폭은 주변 동료에 비해 크지 않을 확률이 높다. 기업에서는 채용 시 매력적인 제안을 하지만 대부분 회사의 연봉테이블에 근접하도록 연 봉을 조정한다.

즉 파격적으로 오른 연봉만큼의 지속적인 연봉상승을 기대하긴 어 렵다. 세상의 이치가 그러하듯 상대적으로 높은 지위와 연봉은 당신에 게 많은 것을 기대한다는 의미이고, 그만큼 삶에서 많은 가치를 취해 갈 것이다.

그럼에도 나는 이직만이 어느 직장도 주지 못하는 안정성, 연봉을 보장해 준다고 했다. 변화의 시대에 생존은 변화에 둔감한 거대 조직 에 몸을 싣는 것이 아니라 몸소 변화하는 것이라 믿기 때문이다. 직장 인의 생명은 정해져 있지만 변화하는 직업인은 궁극적으로 개인브랜 드를 구축할 수 있기 때문이다.

'회사에 설계 엔지니어만 20명이 넘는데 브랜드라니.'

월급쟁이에게 개인브랜드라는 어감이 불편하게 다가오는 독자들도 있을 것이다. 직장인과 브랜드란 말은 사실 연결이 매끄럽게 되지 않는다. 하지만 분명히 브랜드에 집중해야 한다. 앞서 언급한 것처럼 기업의 수명도, 직업의 수명도 개인의 생애주기를 따르지 못한다. 즉 우리가 원하든 원치 않든 직업(직장이 아닌!)이 바뀔 수 밖에 없는 운명이다.

나는 상대적으로 정년이 보장되기 쉬운 건설회사 출신이다. 업의 특성이 경험산업임에 기인한다. 내 신입사원 시절에만 해도 회사에서 정년퇴직하는 부장님 환송회식을 심심치 않게 볼 수 있었다. 하지만 현재 경험산업인 건설회사조차, 무급휴직, 희망퇴직이 일상화됐다. 경력직의 채용은 일부 진행되는 편이나 대부분이 프로젝트 계약직에 편중되어 있다.

상황이 어려운 2, 3군 중소기업의 이야기가 아니다. 우리나라 굴지 그룹, 매출 5조 이상의 BIG 5의 이야기다. 지난 10년간 미국의 일자리 창출 추이를 살펴봤을 때 94%가 긱 이코노미에서 발생했다. 세계 고용 시장의 지표가 달라지고 있는 것이다. 기존의 대량생산, 공중파 방송이 점차적으로 외면받고 핸드 메이드 상품과 편집 숍이 대세가 되고 유튜브가 각광받는 세상이다.

앞서 언급한 『일의 미래』에서는 현재를 동물원에 비유한다. 지옥과 정글에 비유하는 사회를 두고, 동물원이라니… 한국사회를 겪어 보고

하는 소리인가? 조금은 빈정 상하기도 한다.

오늘의 삶도 치열하다. 하지만 디지털 격변시대의 대평원에 비하면 현재는 많이 먹지 못해도 굶지 않고, 자유는 상대적으로 적지만 생존은 보장되는 '동물원'이라는 것이다. 평원은 말 그대로 적자생존의 법칙이 지배한다. 냉혹한 생태계에 살아남기 위해서는 적응이 필수다.

변화가 없다면 도태된다. 아날로그 감성에 필카를 찾는 마니아도 있지만 오늘날 코닥과 후지필름을 찾는 일은 동네 사진관을 찾는 것만큼 쉽지 않다. 세계를 주름잡던 모토로라, 노키아의 흔적 역시 추억 속 교훈으로만 꺼내 볼 뿐이다.

변화의 시대에 토목공학자가 갑자기 개발자가 되거나 빅데이터 개발자가 될 수는 없다. 정부와 회사의 어떤 한시적, 과시적 교육으로도 사향산업의 인력이 IT업계의 트렌디한 인력이 될 수 없다.

설령 그런 교육과 역량을 갖췄을지라도 시장에서 받아들여 주지 않는다. 설령 모든 것을 감내할 진정한 열정과 실력을 쌓았더라도 모든 경력을 뒤엎고 밑바닥부터 다시 시작해야 한다. 때문에 두 번째 이직은 달라야 한다. 내 강점으로, 내 일을, 나답게 해야 한다. 격변의 시대에도 답은 본질에 있다. 다시 초심으로 돌아가 나에게 집중하자.

상황이 아닌, 나에게 집중하라

전통적인 한국사회는 개인보다는 집단을 우선시하는 사회였다. 회사에서 조직을 위한 개인의 희생은 당연시되었고 가정의 중심은 개인의 행복보다는 가풍과 희생이 먼저였다.

오늘날 'YOLO', '혼술'이라는 트렌드가 말해 주는 것처럼 개인주의는 사회적 큰 흐름이 되었고 어느덧 트렌드를 넘어 문화로 형성되었다.

근 10년 전만 해도 '취미가 뭐예요?', '특기가 뭐예요?' 하면 90%가 영화, 음악감상, 독서로 정리되었다. 각자의 취향조차 어쩌면 획일화된 것이다. 하지만 현재는 취향을 단지 대중적인 최신가요, 박스오피스만으로 설명할 수 없는 사람이 늘어나고 있다.

직업은 어떨까? 직업에서 취향, 색깔을 가질 수 있을까?

최근 워라밸의 가치가 중시되며 직장생활과 삶의 태도에서 기존 세대와는 확연한 차이를 보이고 있다. 실례로 2017년 잡코리아의 조사에 따르면 신입 구직자의 직장선택 기준은 근무시간 보장(24.8%), 복리후생(20.7%)으로 기성세대들이 중시하던 성장가능성, 연봉 수준과는 현격한 가치의 차이를 보인다.

이에 발 맞춰 야근, 주말근무, 회식 참석 강요 등 과거에 당연하다 여겨졌던 부분들이 미투 운동, 제도 개혁 등의 사회적 물살에 힘입어 급진적인 개선으로 이어지고 있다. 불합리한 꼰대 문화의 변화와 젊은 층의 새로운 가치 기준의 판단 방법은 박수치며 환영할 일이지만 자칫 일을 여가를 위한 수단만으로 생각하는 것은 아닐까 하는 안타까운 마음이 드는 것도 사실이다.

일과 삶의 균형은 단지 시간적으로만 나눌 수 있는 것이 아니다. 그리고 적어도 내가 생각하는 행복은 이 두 가지가 분리된 것도 아니다. 회사가 인생의 전부인 양 버티는 삶도 불행하지만 일에서 연봉, 복리후생 외에는 아무런 만족도 찾지 못한 채 단지 돈벌이 수단 그 이상, 그 이하도 아닌 무의미하게 치부하는 것도 어쩌면 워커홀릭 못지않게 불행한 삶은 아닐까?

일주일에 52시간을 일한다고 했을 때 30세부터 60세까지 일을 한다 가정하면(52시간 * 52주(1년) * 30년) 우리는 약 81,120시간을 일하게 된다. 먹지도, 자지도 않고 일만 한다 가정했을 때 9.3년의 시간을 무의

미하게 보낸다면 아무리 취향을 위한다 해도 그 삶이 의미 있다 할 수 있을까?

욕망에 집중하라

팀 회식 때 중국집에서 혼자 다른 메뉴를 시키는 것, 선배가 사는 커피에서 아메리카노 외에 다른 메뉴를 고르는 것이 눈치 없게 보일 수도 있다. 우리는 내 취향조차 조직의 분위기에 맞추는 법에 익숙해져 있다. 이처럼 욕망이라는 말, 내 욕구를 표현하는 것은 아직 나에게도 낯설고, 이를 바라보는 사회도 낯설다.

나이가 들어감에 따라 어른의 자아를 구별하는 방법 중의 하나는 취향이다. 더 이상 남들이 듣던 최신 인기가요 차트를 보지 않고 남이 듣는 것, 읽는 것에 크게 관심을 갖지 않는다. 시대에 뒤떨어졌다는 표현보다는 시대의 흐름에 매이지 않는 것이다.

나는 무엇을 원하나? 어디에서 만족을 얻는가? 이 질문에 답을 찾는 과정은 반드시 선행돼야 한다. 흔히 선택하는 대로 '아무거나', '흘러가는 대로' 같이 내가 주체가 아닌 환경에 따라 변화되는 사람은 결국 남이 하는 대로, 아니면 남이 시키는 대로 살게 된다.

회식의 메뉴는 튀지 않는 선택이 답일 수 있지만 내 삶에서 욕망과 실존의 주체인 내가 빠진 삶은 공허할 수밖에 없다. 눈앞에 보이는 연봉, 이득, 기회, 흥미에만 초점을 맞추면 단기적으로는 나를 위한 것 같지만 결국은 그렇게 만들어진 경력에 따라 흘러가는 삶을 살아야 한다. 물살에 흘러만 가는 고기는 죽은 고기다.

결과를 만들어 내는 것은 행동이다. 행동은 신념으로부터 기인하며 신념을 만드는 것은 바로 이 '왜?'라는 질문이다. '왜'에게 경쟁사, 즉 남은 중요치 않다. 내가 세운 지향점을 향해 달려갈 뿐이다.

'왜'라는 질문은 한국사회에서 묵살되어 왔다. 중요성은 이루 말할 수 없지만 '높은 연봉, 직위, 성공'이란 잘못된 방향에서의 답이 강요되었다. 우리는 근 몇 년간 잘못된 성과주의가 만든 우상들의 끝을 매번 확인하고 있다.

의미를 찾아서

'그런데 왜 자살하지 않습니까?'

잔인할지 모르는 이 질문을 던진 이는 놀랍게도 정신과 의사다. 크고 작은 고통으로 고생하고 있는 환자들에게 의사는 이렇게 물었다. 어떤 이는 아이를 사랑하기 때문이라 하고, 어떤 사람은 재능이 아까워서, 어떤 이는 미련 때문이라 답했다.

이 질문을 던진 이는 프로이트, 아들러, 융과 함께 세계적인 심리학자로 불리는 로고테라피의 창시자 빅터 프랭클이다. 그의 치료는 환자의 미래에 초점을 맞춘다. 여기서 미래는 환자가 이뤄야 할 과제를 의미한다. 나를 포함한 N포 세대에게 미래라는 말은 사치로 느껴지거나 값싼 위로로 보이기도 한다.

하지만 빅터 프랭클의 약력은 다소 특이하다. 그가 삶의 원동력으로 본 의미는 다름 아닌 아우슈비츠에서 3년간 살아 내며 터득한 이론이기 때문이다. 군의관이 아닌 수감인으로 말이다. 생존확률은 채 4%가 되지 않았다. 그의 책 『죽음의 수용소에서』 속에 언급된 설문조사에 따르면 인간의 89%는 살아야 할 의미를 주는 그 무엇이 필요하다.

아울러 인생에서 가장 중요한 것에 대해서는 78%가 자기 삶의 목표와 의미라고 답했다. 돈을 많이 버는 것은 단지 16%에 그치지 않았다(존 스홉킨스대, 48개 대학의 7,948명 조사). 초등학생 장래희망이 건물주인 우리 세대에서는 현실적인 다른 수치가 나오겠지만 분명한 것은 설령 건물주가 될지라도 만족은 없을 것이란 사실이다.

혹자는 높은 연봉으로 또는 어쩔 수 없는 상황 때문에 위의 내용이

뜬구름 잡는 공허한 소리로 들릴 수도 있을 것이다. 하지만 본인은 물론 가족을 위해서도 이직에서는 삶이 던지는 이 묵직한 질문에 답을 해야 한다.

사람이 미래다
관계에 집중하라

성공에 가장 중요한 요인은 무엇일까? 돈? 실력? 명예?

우리는 이미 답을 알고 있다. 실제로 〈하버드 비즈니스 리뷰〉가 2000명을 대상으로 한 '출세에 도움이 되는 요인' 조사에서 무려 94.7%의 압도적인 비율을 차지한 항목은 바로 커뮤니케이션 능력이었다.

어릴 땐 부모로부터, 자라서는 또래들, 현재의 사회생활에 이르기까지 인간관계의 중요성이야 강조할 필요도 없지만 그만큼 서툰 것이 인간관계다.

사회생활을 한 독자들 역시 이전부터 인간관계의 중요성은 뼈저리게 느끼고 있을 것이다. 한국사회에서 흔히 빽이나 재물과 사회적 위치까지 합친 '수저'라는 이름은 부정적인 의미를 내포하지만 설령 욕을 먹는 위치에 있더라도 가장 가지고 싶어 하는 것 중에 하나다.

내가 다루고 있는 이직의 카테고리만으로 제한하더라도 많은 독자의 이직사유 중 큰 부분이 바로 인간관계며 실제 전문직 채용, 기업 추천에서 가장 먼저 활용하는 내부추천의 경우도 인맥을 바탕으로 한다.

아울러 회사에서 인정받는 사람 중 특별한 능력이 없어도 인덕만으로도 회사에서 인정받고 높은 지위에 올라가는 인물을 쉽게 볼 수 있을 것이다. 주변에서 볼 수 없다면 삼국지의 '유비'나 원피스의 '루피'를 떠올리면 좀 더 이해가 빠를 것이다.

사람은 사회적 동물이다. 혼밥, 혼술이 트렌드지만 살인적인 물가, 집값을 감내하면서도 일자리를 찾아 도시로 몰려든다. 혼자 일할 수 있는 직종은 어디에도 없다. 이직에서도 사람을 빼놓을 수 없는 이유다. 사람과 관계에 대한 책은 일일이 열거하기 어려울 정도로 많다.

기회는 사람으로부터 온다

'사람이 온다는 건 실로 어마어마한 일이다. 한 사람의 인생이 오기

때문이다.'

내가 가입한 북클럽에 써 붙여 놓은 글이다.

내가 현업 부서 해외영업을 하던 시절, 두 달에 한 번 꼴로 10시간 넘게 비행기를 타야 했다. 그렇게 마주해 현안들을 논의했다. 누군가는 디지털 시대에 이메일로 하는 것이, 컨퍼런스 콜이나 전화로 하는 것이 더 효율적이라 생각할지 모르겠다.

나이토 요시히토의 『직장의 고수』에는 재미있는 실험이 나와 있다. 똑같이 15분을 줬을 때 채팅과 직접대화가 어떤 차이를 보이는지 비교해 본 것이다. 단 15분인데 사용한 단어의 수는 무려 10배(170단어/1500단어) 가까운 차이를 보였다. 만남에서는 대화내용만이 풍성해지는 것이 아니라 어조, 인상, 상황에 따른 느낌이 전달되며 향후 인맥과 기회의 작은 디딤돌이 된다.

보험업계 등 대부분 영업조직의 절대법칙이 사람과의 만남에 있는 이유다. 이직에서도 이 법칙은 동일하다. 해당 직군이나 회사에 궁금한 사항이 있다면 가지고 있는 인맥을 최대한 활용하라.

본인의 경력이 해당 JD와 1도 겹치지 않을 때 엔지니어가 마케터로 취업이 가능한 방법은 무엇일까? 바로 만남을 통해 본인의 강점과 열정을 어필하는 것이다. 만약 기존의 인맥 중에 없다면 링크드인의 인맥에게 정중히 메일을 보내는 것도 방법이다. 초면에 연락하기도 낯설고 답장이 오지 않을 것을 걱정하는 만큼 진심을 가지고 정중하게 연락하라.

실제 기회의 80%는 친밀한 인간관계보다는 약한 유대관계를 통해서 온다. 나와 강한 유대관계의 경우, 나와의 유사점이 크기 때문에 내 경험을 넘어서는 새로운 제안, 기회를 제공할 확률이 거의 없다. 반대로 약한 유대관계에서 오히려 내 질문보다 더 정성을 담아 회신을 주는 경우가 대부분이다. 당신이 오늘 만나는 사람 중에 인플루엔서가, 트리거가, 딜메이커가 있다. 이제 한 사람의 인생이 온다. 그 인생에 기회가 있다. 한 발짝만 용기를 내자.

꿀을 얻으려면 벌집을 발로 차지 마라

'꿀을 얻으려면 벌집을 발로 차지마라.'

데일 카네기의 『인간관계론』의 한 챕터 제목처럼, 남에 대한 험담, 뒷이야기들은 향후 본전도 못 건질 확률이 높다. 책임을 거론하는 순간 사람은 방어적이 되고 공격적이 되기 때문이다.

불평 담긴 말은 주변인의 눈살을 찌푸리게 함은 물론, 본인 직장생활을 힘들게 하는 주범이다.

'비판을 받지 않으려거든 비판하지 말라. 너희가 비판하는 그 비판으로 너희가 비판을 받을 것이요. 너희가 헤아리는 그 헤아림으로 너희가 헤아림을 받을 것이니라.'〈마태복음 7:1-2〉이 성경의 가르침과 같이 부정적인 감정, 부정적 언행은 부정적 결과를 만든다. 로마제국의 황제이자 철학자인 마르쿠스 아우렐리우스의 명언처럼 우리의 생각이 우리의 삶을 만드는 것이다.

주는 만큼 받는다. 베풀어라

앞서 말한 두 가지는 비즈니스의 기회 측면과 적을 만들지 않는 최소한의 법칙이다. 마지막은 인간관계의 황금법칙이다.

로버트 치알디니는 『설득의 심리학』에서 상호성의 원칙에 대해서 설명한다. 상호성의 원칙은 자신이 원치 않는 호의에도 적용된다. 내가 신세 지고 싶지 않아도, 어느 순간 누군가에게 도움을 받는다는 것이다. 따라서 내가 원하든 아니든 나 또한 호의를 갚아야 하는, 일종의 교환이 일어난다. 즉, 사람은 받은 대로 갚아야 한다는 것이다.

상호성의 원칙은 이후 호감의 원칙으로 이어진다. 팔은 결국 안으로 굽게 되는 것이다. 계산된 수는 호감을 반감시킬 뿐이다. 업무에 진심을 다해라. 상대의 입장에서 생각하고 도움을 주라. 작게는 손해를 입을지도 모른다. 남들보다 좀 더 야근을 하게 될 수도 있다. 작은 희생이 불평등의 교환을 일으킨다.

수차례 언급한 바와 같이 이직은 단순히 연봉상승이나 커리어 패스를 위한 이직을 의미하지 않는다. 철저한 성찰과 자신과의 대화 후 비로소 발견한 자신의 비전과 꿈을 향한 첫걸음이다. 기존 업무들의 연장선이라도, 전혀 다른 미지의 길을 걸어가더라도, 기회는 우연히 그리고 사람으로부터 걸어온다는 사실을 기억해야 한다.

내일은 없다

새해가 되면 1년을 준비하는 모습이 각양각색이다. 그중 빠지지 않는 것 중 하나가 1년의 계획이다. 결혼이나 이사, 이직 등 일생일대의 결정에서부터 올여름엔 뱃살을 던져 버리겠다는 다이어트, 영어회화, 독서에 이르기까지 각자의 가치관과 욕망에 따라 다양한 계획들을 세운다. 하지만 보통 범인의 경우에 2월이 지나면 한산한 헬스장처럼 바쁜 일상과 나태함 가운데 세웠던 계획들은 잊히기 마련이다. 그러다 12월이 되면, '올핸 반드시!' 라는 다짐으로 또다시 계획을 세우게 된다.

당신은 어느 정도의 집중력을 가지고 목표를 유지하고 있는가? 장기적 방향에 대한 목표에 대해서 어느 정도 추진력을 가지고 있는가? 3P바인더로 잘 알려진 강규형의 『성과를 지배하는 바인더의 힘』을 보면 재미있는 예화가 나온다.

하버드 졸업생을 대상으로 한 조사에서 학창시절 목표를 적은 3%의 학생이 그렇지 않은 사람들에 비해 훨씬 더 성공한 인생을 산다는 것이다. 목표설정, 감사일기, 아침 활용 등은 새로울 것 없는 다소 진부한 이야기다. 시중에 다이어트 책들을 보면 각자 자기만의 방법으로 살을 빼고 몸짱이 된 셀럽들의 이야기도 넘쳐 난다.

책들이 공통적으로 얘기하는 살을 빼는 방법은 사실 간단하다. 인풋(먹는 것)보다 아웃풋(움직이는 것)이 많으면 살은 빠진다. 즉, 기초대사량보다 적게 먹고 더 많이 운동하면 살은 빠지게 되어 있다. 아마 몇몇은 웃을 것이다. '그걸 누가 모른다고?' 그렇다. 하지만 안다고 해서 모두가 몸짱이 아닌 것처럼 안다고 모두가 실행할 수 있는 것은 아니다.

또한 쉽다고 중요하지 않은 것은 아니다. 목표를 세우고 전환기를 거쳐 진지하게 성찰했다면 이제 그 목표를 현실로 끌어당기는 것도, 달라진 것 없는 현실에서 오늘을 술안주로 삼는 것도 결국 본인의 열정과 노력이다.

우선순위에 따라 일하라

세계적인 베스트셀러 작가 스티븐 코비는 『성공하는 사람들의 일곱 가지 습관』에서 성공의 비결을 '중요하지만 긴급하지 않은 일'부터 우선적으로 할것을 조언한다. 잘 알려진 아이젠하워의 '시간 매트릭스'는 일의 긴급도와 중요도에 따라 우선순위를 아래와 같이 분류한다.

- 긴급하면서 중요한 일
- 긴급하지만 중요하지 않은 일
- 긴급하지 않지만 중요한 일
- 긴급하지도, 중요하지 않은 일

긴급하며 중요한 것은 즉각 처리하면 그만이다. 그렇지 않다면 다른 사람에게 위임을 하거나 아웃소싱을 활용하는 방법도 있다. 차이가 갈리는 것은 두 번째와 세 번째다. 앞서 언급한 예시와 같이 건강과 업무상 내공(독서, 영어, 자기 계발)의 중요성에 대해 모르는 사람은 없다. 하지만 긴급하지 않다는 이유로 차일피일 미루게 된다.

반대로 네 번째 경우는 어떤가? 적절한 소비와 게임은 기분전환에 분명 도움이 된다. 하지만 자기위로도 지나치면 악순환만 반복될 뿐이다. 자기 계발, 독서의 시간보다 게임의 시간이 많다면, 쇼핑의 시간이 더 많다면, 악순환의 고리를 끊어야 한다. 기억하라. 현실은 회피할 수 있지만 현실 회피의 결과는 회피할 수 없다.

발전은 세 번째, 긴급하지 않지만 중요한 일을 하나씩 해 나갈 때 찾아온다. 굳이 1만 시간을 언급하지 않더라도 습관은 무서운 것이다. 아무리 거목이라도, 매일 내리치는 도끼질엔 언젠가 쓰러지게 되어 있다.

의식적 연습을 하라

말콤 글래드웰의 1만 시간의 법칙은 어떤 분야의 전문가가 되려면 최소한 1만 시간 정도의 훈련이 필요하다는 이론으로 흔히 노력을 강조할 때 쓰이는 말이다. 하지만 나는 이 법칙에 대해서 다소 회의적이었다. 적어도 내 영어실력을 보면 말이다. 학창시절은 물론, 7년간 해외영업 및 실제 해외 거주 근무 기간을 합치면, 족히 1만 시간은 넘을 터였다.

어학연수를 간 적은 없지만 해외 봉사와 해외 근무를 했고 학창시절 영어도 매일 1시간 이상 공부했다. 해외영업 시절에는 수천 장의 입찰서, 외우다시피 했던 각종 계약서, 수십 통의 메일은 모두 영어였다. 하지만 나는 전문가는커녕 영어는 그때도 지금도 두려움으로 남아있다.

베스트셀러 『그릿』에서는 '더 오래' 연습이 아닌 '다른' 연습에 대해서 언급을 한다. 누군가는 하루에 1시간씩 운동을 하지만, 몸짱과는 거리가 먼 사람들도 있을 것이다. 『그릿』의 저자 앤절라 더크워스 또한 그러하였다. 그녀는 18세부터 매일 1시간씩 조깅을 했지만 기록은 10초도 빨라지지 않았다. 올림픽과는 거리가 먼 것이었다.

인지 심리학자인 안데르스 에릭슨은 의도적인 연습을 언급한다. 우리가 단지 건강을 위해, 다이어트라는 막연한 목표를 갖고 뛸 때 선수들은 같은 시간을 뛸지언정 훈련에 명확한 목표를 가지고 임한다. 체계적으로 기록함은 물론, 이를 체계적으로 관리하는 코치가 세부적인 목표에 집중할 수 있도록 한다. 단순히 이직을 하겠다는 생각, 막연한 목표만으로는 며칠간 꿈을 꾸다 언제 그런 꿈을 꾸었는지 잊어버리고 현실에 안주할 가능성이 높다.

자기 계발서에서 강조하는 것과 같이 목표를 갖고 연간, 분기, 월간, 주간, 일간 단위까지 세부적으로 목표를 달성하기 위한 계획을 수립하라.

오늘 업무를 소홀히 하지 마라

의식적 연습의 중요성에 대해 언급하며 독서와 영어, 운동의 계획을 세우고 실행하는 것은 분명 장려할 일이다. 그러나 앞서 우리가 살펴보았듯 프로에게 가장 중요한 것은 성과이며 그 능력이 증명되는 장소는 직장이다. 영어와 통찰이 +α이지만 직장생활의 본질은 아니다. 영어 성적과 수상 실적 등은 아무것도 비교할 것이 없는 신입사원을 선별하기 위한 일종의 허들이다.

경력사원을 뽑을 때도 중요하지 않은 건 아니지만 그 어떤 것도 경력과 실적을 대체할 수 없다. 실제 회사에서 '에이스' 소리를 듣는 인력 중에는 학벌이나 어학 등 특별히 내세울 부분이 없으나 인정받는 인력들이 있다. 본인만의 강점으로 회사에서 유일무이한 존재로 인정받게 되는 것이다.

실력만큼 쌓아야 할 것이 평판이다. 평판은 업무로만 이뤄지지 않는다. 또한 인맥으로만 이뤄지기도 어렵다. 아울러 하루 만에 쌓이는 것은 물론 아니다. 반면 하루 만에 무너지는 경우는 허다하다. 사회생활이 어려운 이유 중 하나다. 다른 계획을 준비하며 현재 직장생활에 소홀한 것은 너무나 아쉬운 처사다.

"하루를 두 번 살아 보라."

여주인공 레이첼 맥아담스와 OST가 인상적이었던 영화 〈어바웃 타임〉에서 시간여행 능력자인 아버지가 같은 시간여행 능력자인 아들에게 주는 충고다. 긴박하게 사느라 놓쳐 버린, 실수한 인간관계의 소중함을 그날 다시 복기하며 잊었던 감사와 여유를 느끼라는 말이다. 우리에게 시간여행의 능력이 없다고 한탄할 필요는 없다. 마치 이 영화의 뻔하고 멋진 결말처럼 말이다. 베스트셀러 작가 스펜서 존슨의 말처럼 어제는 역사이며, 내일은 미스터리지만 오늘은 선물이다.

다름에 집중하라

현시대에서 대중적인 소비는 점점 힘을 잃어 가고 있다. 똑같은 롱 패딩 패션이 멋져 보이는 것은 오직 중고등학생뿐이다. 한때는 개성이라는 것이 해당 집단에서 좀 더 좋은 브랜드, 좋은 옷을 걸치는 것으로 치부되었다. 하지만 오늘날은 내 체형, Fit에 맞는 맞춤복, 구두를 입는 것이 오히려 각광받는 시대다.

나이가 들며 멋있는 것 중 하나는 자기의 취향이 있다는 것이다. 취향은 대중과 관계없이 내가 좋아하는 것이 명확하며, 그것을 즐기는 것이다. 밤 10시에 강남 거리에서 20대에 유행을 따라 옷을 입은 40대 그리고 핸드폰에서 울리는 최신가요 벨소리는 트렌디한 느낌보다는 측은한 느낌이 든다.

이건 단지 현시대의 문화적 트렌드만을 의미하지 않는다. 익히 아는 바와 같이 과거 초대형 기업, 각광받던 대기업, 인더스트리의 든든한 울타리는 연봉은 물론, 안정성 측면에서도 그 지위를 잃어 가고 있다.

과거의 흔들릴 것 같지 않던 철옹성을 쌓았던 기업들의 흔적을 찾는 일은 샤프전자의 영어사전을 찾는 것처럼 어려운 일이 되었다. 불확실한 사회, 고용안정성으로 인해 상대적으로 안정적인 직장으로 평가받는 공무원, 대기업에 많은 인력들이 모이지만 누구도 공무원, 대기업이 더욱 빨라질 미래 시대에 앞서가는 직업이라고 얘기하지 않을 것이다.

앨빈 토플러는 그의 역작 『부의 미래』에서 변화의 속도에 대해 기업을 100마일로, 정부는 25마일로 묘사했다. (학교는 10마일, 정치는 5마일, 법은 1마일이다.)

변화의 시대에 대량생산, 대중화, 획일화된 디자인에서 매력을 느끼는 사람은 없을 것이다. 속도를 외면한 안정성은 결코 답이 될 수 없다. 직장도 이와 같지 않을까?

더 이상 대중적이고 획일화되었으며 변화에 취약한 곳은 대안이 될수 없다. 기존의 가치체계, 프레임 안에서 탁월한 성과를 거두더라도 시대의 흐름에 따라 도태될 가능성이 크다. 앞서 멋진 사람에 대해서 취향이 있음을 언급했다. 취향이 있다는 것은 생각과 느낌의 주체, 결정과 선택의 주체가 대중에서 나로 전환될 때 비로소 획득할 수 있다. 나다움의 삶, 본인의 삶을 사는 것의 해답도 결국 '나'에 있지 않을까?

우리는 월급이 주는 안락함과 막연한 두려움, 각자가 처한 상황으로 인해 불확실한 미지의 영역보다는 차라리 안정적인 불행을 택하는 편에 서게 된다. 하지만 우리는 익히 알고 있다. 지금의 모습이 아무리 작고 초라해 보일지라도 성공은 그 편에 더 가깝다는 것을 말이다.

아니 희망고문과 같은 좁은 확률의 성공이란 단어는 접어 두더라도 삶의 만족과 행복 측면에서는 분명 수동적인 삶보다는 만족한 인생을 살 것임. 봐 왔던 길, 좋아 보이는 길이 아니라 나의 길에 스스로 서 있기 때문이다.

폭을 넓혀야 하나요? 깊이 파야 하나요?

'제너럴리스트가 돼야 하나요? 스페셜리스트가 돼야 하나요?' 비단 이직이 아니더라도 부서 전배 등 커리어에 변환이 있을 때 마다 깊어져 가는 고민 중 하나다. 닉 러브그로브는『스워브』에서 양쪽에 치우치는 것 모두 위험함을 역설한다. 전문분야만을 깊게 판 인재는 '하나밖에 모르는 바보'가 되기 쉽고, 반대로 본인의 전문분야 없이 여러 잡식에 통달한 인재는 어느 것 하나 제대로 못하는 '싱거운 사람'이 되기 십상이기 때문이다. 그는 T자형 인재에 대해 강조하며 '폭넓은 스페셜리스트', '깊이 있는 제너럴리스트'가 될 것을 강조한다.

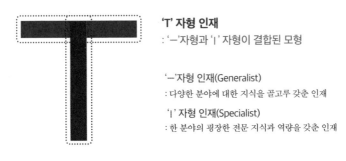

'T' 자형 인재
: '—'자형과 'l' 자형이 결합된 모형

'—'자형 인재(Generalist)
: 다양한 분야에 대한 지식을 골고루 갖춘 인재

'l' 자형 인재(Specialist)
: 한 분야의 굉장한 전문 지식과 역량을 갖춘 인재

'T자형 인재', 닉 러브그로브, 『스워브』, 마일스톤, 2018

앞서 언급했듯이 오늘날의 커리어는 과거와 달리 단지 앞에 놓인 사다리를 올라가는 것이 아닌 어디로 갈지 모르는 정글짐에 더 가깝다. 과거에는 연차가 쌓이면 연륜이 있는 것으로 생각했고 더 좋은 수당, 연봉을 지급했다.

하지만 오늘날은 연차가 아닌 성과로 말해야 하는 시대다. 내가 나이가 많다고 경력이 많다고 안심할 수 없는 것이다. 수많은 기사, 책에서 4차 산업혁명을 다루고 직업의 종말을 이야기하며 유망직업에 초점을 맞춘다. 현시대의 위기와 기회를 이야기하지만 정작 이미 사회생활을 시작한 지금의 내 위치에서는 전혀 다른 이야기인 경우가 대부분이다. 실업자, 구직자의 숫자가 유망산업의 부족 인력, 직군을 대체할 수 없는 것과 같은 이치다.

정글짐과 T자형 인재를 우리가 흔히 보는 커리어 설계도에 대입하면 아래 그림과 같다. 폭은 현재 내 업무와 관련된 유관 업무, 부서들이고 깊이는 내가 가고자 하는 지향점이다. 문제는 내가 지금 어디에 서 있는지, 내가 어디로 가고 싶은지 모른다는 데 있다. 즉 깊이를 어디로 가져가야 하는가가 중심질문이다. 목적과 이유가 없는 직장생활은 하루를 버티는 것, 의미 없는 고통으로 밖에 여겨지지 않는다. 인생의 ⅓을 차지하는 일은 외면한 채, 여가와 연봉에만 안주하며 그저 버티는 삶을 행복하다 할 수 있을까?

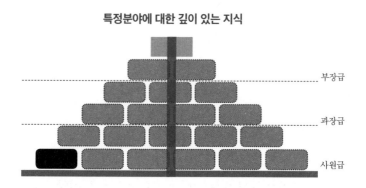

특정분야에 대한 깊이 있는 지식

'커리어 설계도', 닉 러브그로브, 『스워브』, 마일스톤, 2018 참고

두 번째 이직은 상황이 아닌 나에게 집중하며 이상향의 이유(Why)를 찾아야 한다. 오늘의 과업에 집중하며 현실을 파악하고 어떻게 목표에 달성할 것인지(How), 무엇을 준비할 것인지(What), 즉 수단과 방법을 찾아야 한다. 마지막으로 대인관계를 통해서 기회들을 내 것으로 끌어당겨야 한다. 이력서를 쓰고 면접을 보는 일련의 채용과정을 통해 자신을 제안했다면 한 번의 취업이 아닌 내 최종적인 목표를 성취하기 위해서는 무엇을 제안할 것인가?

나음보다 다름, 그리고 다움

한양대 홍성태 교수와 카카오 조수용 공동대표는 저서 『나음보다는 다름』에서 독자적인 브랜드를 통해 다름을 만드는 것의 중요성을 이야기했다. 실제 이 '다름'에 대해서는 마케팅에서 지속적으로 강조되는 부분이다. 스티브 잡스는 '경쟁사보다 잘 만드는 것이 아닌, 다르게 만드는 것'에 집중하도록 하였으며 세계적 디자이너 코코 샤넬은 '대체할 수 없는 그 무엇이 되려면 끊임없이 차별화해야 한다'고 하였다. 각 브랜드들의 고객과 제품은 다 다르며 이에 따른 특성 또한 각양각색이다. 이

가운데 생존하는 브랜드의 공통점은 바로 철학이 있다는 것이다.

변화의 시대에 대량생산, 대중화, 획일화된 디자인의 매력은 점점 줄어들고 있다. 어느 때보다 창의력을 강조하는 지금의 시대적 배경도 이와 같지 않을까?

더 이상 대중적이고 획일화되었으며 변화에 취약한 과거의 답은 대안이 될 수 없다. 앞서 멋쟁이는 취향이 있음을 언급했다. 취향이 있다는 것은 생각과 느낌의 주체, 결정과 선택의 주체가 대중에서 '나'로 전환될 때 비로소 획득할 수 있다.

독일의 소설가이자 대문호인 헤르만 헤세의 소설 『싯다르타』는 '자아'에 대한 많은 영감을 준다. 싯다르타는 세존(붓다)인 고빈타의 만남 이후 해탈에 이르게 되는데, 그 깨달음은 바로 '다른 사람의 길로는 해탈에 이를 수 없다는 것'을 인지하는 데 있었다. 즉, 세존의 해탈의 방법으로는 오직 세존 한 명만이 해탈의 경지에 이를 수 있다는 것이다.

자신의 기질은 물론 살아온 환경, 학력, 경력은 모두 다르다. 삶의 모습이 다른 만큼 삶의 질문 또한 다 다를 것이다. 그렇다면 나다움의 삶, 본인의 삶을 사는 것의 해답도 결국 '남'이 아닌 '나'에 있지 않을까? 채용은 분명 회사의 필요에 의해 발생하였다. 회사의 니즈와 요구사항을 파악하는 것이 중요한 이유다.

하지만 이직의 시발점은 나에게 집중하는 것, 내면의 니즈와 요구

사항이 선행돼야 한다. 우리의 삶은 필요에 의해 움직이는 기성품, 부속품이 아니다. 지금 현재 어디에 속해 있든 어떤 전략을 택하든 궁극적으로 공장에서 찍어 낸 듯한 기성품, 몇 년 후 장롱 속 깊숙이 박혀 있을 롱 패딩이 아닌, 맞춤 슈트처럼 꼭 맞고 입을 때마다 설레고 기분 좋은 자신의 업을 찾았으면 한다.

　우리가 오랫동안 외면했던 근원적 질문의 답을 찾는 것. 이것이 잃어버린 주도권을 되찾는 바른 이직의 초석이자 기초다.

바른 이직을 위한 생각정리 Note

바른 이직을 위한 생각정리 Note는 책의 내용을 바탕으로 독자 스스로 내면을 탐색하고, 이직을 기획할 수 있도록 구성했다.

1. 자아 분석

현실을 인식하고(1. 내면탐구), 이상향을 정한다(2. 장기적 Career Path). 이 분석 끝에 이직이라는 결론에 도달하였다면 실력, 명분, 평판, 이익을 채용하려는 회사와 본인의 입장에서 고민해 본다(3. 이직의 필요충분조건). 이력서와 면접은 실력과 명분을, 평판조회는 평판을, 연봉협상과 성과는 이익을 나타낸다. 내가 회사의 요건을 충족시키지 못한다면 채용은 발생하지 않고, 회사가 내 요구를 만족시키지 못한다면, 필연 입사한 지 얼마 되지 않아 이직을 다시 떠올릴 것이다.

실력과 평판이야 접어 두고서라도 이직에 이익과 명분이 없다면, 굳이 직장을 옮기는 리스크를 감내할 이유는 없을 것이다. 만약 뜻이 섰고, 그 답이 이직이라면, 이제 이직에 따른 리스크를 감내할 수 있을지 적는다. 이직을 떠올린 이유 3가지, 이직을 주저하는 이유 3가지를 적고, 가장 최악의 경우와 극복 가능여부를 적는다. 득실 중 어떤 것에 더 가치를 두고 있는지 명기한다.

2. 환경 분석

인더스트리를 변경하는 경우, 해당 산업에서 나를 어떻게 평가할지 분석한다. 내 약점이 무엇인지, 어떤 기회들을 기대하고 얻을 수 있는지 분석한다.

지원하려는 업계와 직종을 정했다면, 해당 산업군의 경쟁사들을 비교·분석한다. 앞서 3장에서 언급한 바와 같이 실질적인 정보는 해당 업계 인맥을 통해 얻는 것이 효과적이다.

3. 기업 분석

명확한 타깃 기업을 목표로 해당 기업의 고객, 경쟁사, 회사에 대해 3C분석을
하도록 한다.

- **회사 (Company)**
  회사 개요는 물론, 본인이 속할 팀의 조직도상 위치, 무엇보다 해당 기업의
  매출구조를 파악하도록 한다. 특히 스타트업의 경우 매출구조의 파악은 반
  드시 선행돼야 한다.
- **경쟁사 (Competitor)**
  경쟁 업체와의 매출, 직원수, 시장 공유 상황 및 환경 분석에서 진행한 기업
  비교를 명기한다.
- **고객 (Customer)**
  지원회사의 고객 추이(업황)를 분석한다. 이는 해당 산업군 이해 및 면접에
  좋은 밑거름이 된다.

4. 직무 분석

본인의 경력 및 핵심역량을 좌측 '기존경력'에 명기하고, 지원하려는 포지션의
JD(Job Description)을 해당란에 명기한다. 이후 이력서와 면접을 통해 무엇을
어필할지 포인트를 연구하여 '제안'에 명기한다.

5. Drill down your Objective (목표를 향해 파고들어라)

7장에 명기한 바와 같이 두 번째 이직은 상황이 아닌 나에게 집중하며, 이상향
의 이유(Why)를 찾아야 한다. 오늘의 과업에 집중하며 현실을 파악하고, 어떻게
목표에 달성할 것인지(How), 무엇을 준비할 것인지(What), 즉 수단과 방법을 찾
아야 한다. 마지막으로 대인관계를 통해서 기회들을 내 것으로 끌어당겨야 한다.
내 최종적인 목표를 성취하기 위해서는 무엇을 제안할 것인가?

1. 자아 분석

❶ 내면탐구

1) 내가 좋아하는 것

2) 남이 볼 때, 내가 잘하는 것

3) 괄목할 만한 성과가 있는 것

❷ 장기적 Career Path

1) 지향점

2) 현재 내 위치는?

3) 교집합 및 실행방안

❸ 이직의 필요충분조건

1) 실력

2) 명분

3) 평판

4) 이익

❹ Risk Hedging

1) 이직을 하고자는 3가지 이유

2) 이익을 가로막는 3가지 이유

3) 3가지 우려 사항에 대한 최악의 상황을 고려해 보자. 극복할 수 있는 수준인가?

이직을 떠올린 이유	이직을 가로막는 이유	Worst가정, 극복 가능 여부
1)	1)	1)
2)	2)	2)
3)	3)	3)

2. 환경 분석

케이스별 SWOT 분석

A. 인더스트리 (산업군 변경의 경우)

산업군	S	W	O	T	Remark

가) S,W는 해당 업계가 지원자를 평가할 때, 장단점으로 볼 수 있는 사항 명기

나) O,T는 지원자 본인의 기회, 리스크 관점, 반영 작성

다) O / T의 Risk Hedging(위험요소 제거) 및 최악의 상황 명기, 가장 마음이 기운 곳에 박스 처리

B. 지원 업체별 (동종 업계 이직 / Targeting 후)

업체명	S	W	O	T	Remark

가) S,W는 해당 업체가 경쟁사 대비, 어떠한 장단점이 있는지 명기

나) O,T는 해당 회사 근무 시 지원자 본인의 기회, 리스크 관점에서 작성

다) 역시 각 단계별 특이사항, 우위, 열등 사항은 별도로 표시하여 하나하나 소거하도록 하자.

3. 기업 분석

3C (Company, Customer, Competitor) 분석
- Company : 기업 개요, 조직도, 매출구조
- Competitor : 경쟁사 개요 및 현황 / 선호도
- Customer : 시장 규모

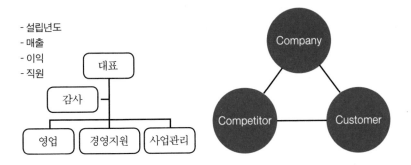

	A사	B사
매출		
직원		

	S	W	O	T
A사				
B사				

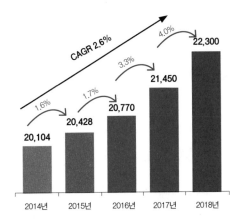

2014-2018 국내 IT시장 전망

4. 직무 분석

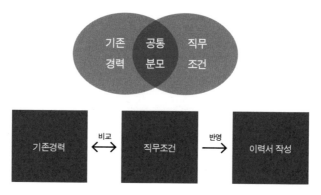

5. Drill down your Objective (목표를 향해 파고들어라)

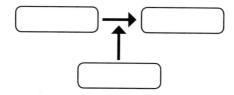

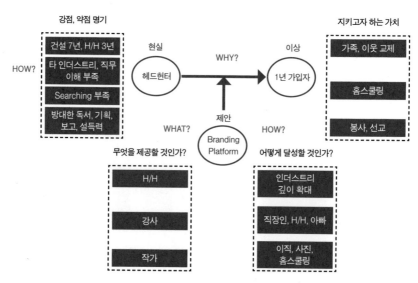

본문 내 인용을 허락해 주신 분들에게 감사드립니다.

- p33, p48, p52, p211 딜로이트 컨설팅 지음, 『일의 미래』 원앤원북스, 2018
- p63-64 명대성 지음, 『반퇴 혁명』 라온북, 2015
- p41-42, p101, p234-236 닉 러브그로브 지음, 이지연 옮김, 『스워브』, 마일스톤, 2018
- p120-121, p130, p132 송숙희 지음, 『마음을 움직이는 단어 사용법』 유노북스, 2018
- p105-106, p154, p195 앨런 피즈 지음, 민관식 옮김, 『질문이 답이다』 이상biz, 2012
- p209 최진석 지음, 『인간이 그리는 무늬』 소나무, 2013
- p217 빅터 프랭클 지음, 이시형 옮김, 『죽음의 수용소에서』 청아출판사, 2017

이제 무엇을 준비해야 하는가?
이직의 정석

초판 1쇄 인쇄 2019년 6월 24일
초판 1쇄 발행 2019년 7월 1일

지은이	정구철
발행인	김승호
편집인	서진
펴낸곳	스노우폭스북스

편집진행	최민지
마케팅	김정현
SNS	이민우
영업	이동진

디자인	강희연

주소	경기도 파주시 회동길 37-9, 1F
대표번호	031-927-9965
팩스	070-7589-0721
전자우편	edit@sfbooks.co.kr
출판신고	2015년 8월 7일 제406-2015-000159

ISBN 979-11-88331-67-3 (03190)